Mi mundo Inconsciente

Laura Stornini

Mi mundo Inconsciente

CAMBIA EL INCONSCIENTE Y CAMBIARÁS LA FORMA DE VER TU MUNDO

Título: *Mi mundo inconsciente*
© 2020, Laura Stornini

Autoedición y Diseño: 2020, Laura Stornini

Primera edición: enero de 2020
ISBN-13: 978-987-86-2504-1
Depósito legal:

AGRADECIMIENTOS

Agradezco a cada una de las personas que estuvieron al lado mío, acompañándome en este proceso que para mí era desconocido y desafiante.

Dedico este libro a mi marido, **Daniel** que me cubre en el trabajo, me ayuda en nuestro hogar y me enseña a ser más pasiva y a mis maravillosos hijos, **Marcos** que gracias a sus conversaciones he crecido como mamá, me ayuda a creerme mejor mujer y me enseña lo que es la felicidad, **Juanma** que me hace aprender día a día a "sentir" y ser auténtica. Y que con amor y fortaleza todo se puede y a **Renata** que es mi gran maestra, la que me demuestra el poder que tenemos, es mi guía, mi Gran Diosa.

También a **mis padres**, que me dieron la vida y que gracias a ellos estoy acá y soy la persona que he llegado a ser hoy.

Y tengo un agradecimiento especial a **mí misma**, por haberme atrevido a escribir estas páginas.

Me siento muy feliz por haber realizado este libro, el cual me ha dado la fuerza que necesitaba para tomar muchas decisiones en mi vida.

También gracias **a vos** por tener este libro entre tus manos.

TESTIMONIOS

Es un libro mágico y casi OBLIGATORIO que lo leas si quieres descubrir todos los secretos que se ocultan detrás de la persona tan valiente que cambiará tu vida. ¡No querrás dejar de leer ni una sola línea, te mantiene en suspenso y querrás saber qué es lo que continuará!!! Cuando lo leas, estoy segura de que cambiará tu perspectiva de la vida. MARAVILLOSO.

Michelle Valenzuela, autora de la trilogía
TE VA BIEN ESA SONRISA.

Un libro muy necesario para instruir a padres o educadores, se necesita educar en valores y formar a personitas que un día serán mayores y podrán mejorar el mundo, me ha encantado!!!

Mil gracias por ayudar a construir un mundo mejor!!!

Laura Casado, autora de la trilogía
ÁMATE, CUÍDATE, VIVE

Laura es una persona que tiene un alma llena de luz y su libro Mi Mundo Inconsciente va a bendecir a muchas personas, en él encontrarás el camino que estás buscando, gracias, gracias, gracias, te amo.

María José, autora del libro
NO TE AFERRES A LA VIDA ¡VIVELA!

Un viaje al pasado para dibujar un nuevo futuro. Una enriquecedora historia para entender las influencias del pasado en nuestras vidas y poder construir el futuro que queremos.

Gracias Laura.

Emma Benamar, autora de la trilogía
EL PODER ESTÁ EN TI

Laura, me encantan las abuelitas yo también amé a la mía, pero más me encantan las historias de mujeres cumpliendo sueño, por eso al saber que al escribir este libro estabas cumpliendo un sueño que tenías desde niña me haces volver a creer en los míos.

Felicidades y muchos éxitos.

Ivonne Monge

En estas páginas la autora te mostrará como todas tus vivencias te van modelando en lo que te convertirás, pero esto no te determina si tu quieres. Puedes crear otra vez y ser héroe de tu propia vida. Laura te ayudará a que puedas encontrar el camino a tu mejor versión recorriendo las distintas etapas de tu vida.

Karina Tejada Ibáñez, autora de la trilogía
MUJER BELLA CON PROPÓSITO

PRÓLOGO DE LAIN

El universo entero funciona por unos principios muy exactos que son capaces de hacer que pasemos de **CREACIÓN** a **CREADORES**.

En todos los textos sagrados se nos dice que somos creadores, no víctimas, y que tenemos la capacidad de elegir. Sabemos que todo es MENTE que el universo es mental y que lo que piensas continuamente se acaba manifestando.

Sabemos que si logramos entender estos principios podremos dar un salto cuántico en nuestras vidas y debemos comprender que todo en la vida sucede **PARA NOSOTROS** y no **A NOSOTROS.**

El universo entero conspira a nuestro favor y lo único que debemos hacer es aprender a dirigir nuestros pensamientos hacia lo que queremos, y desviar la atención de lo que no queremos.

Debemos aprender a ver el desafío como una oportunidad, porque con la actitud mental adecuada podremos superarlos y luego tendremos una habilidad superior que nos llevará a cumplir con nuestro destino.

Todo eso y mucho más debemos aprender si queremos vivir bien, y nada llega por casualidad a nuestras vidas sino con un propósito. Por eso si tienes este libro en tus manos significa que contiene información que te ayudará a inspirarte y a llevar tu vida al siguiente nivel.

Gracias **Laura** por escribirlo y gracias a ti, amado lector, por querer leerlo y aprender de él.

GRACIAS, GRACIAS, GRACIAS.

TE AMO.

LAIN, autor de la saga LA VOZ DE TU ALMA.

www.lavozdetualma.com

ÍNDICE

"Para todos aquellos que alcanzamos el éxito, es porque hay alguien afuera que te mostrará el camino".
Oprah Winfrey

"Si buscas resultados distintos, no hagas siempre lo mismo".
Albert Einstein

"La única forma de hacer un trabajo diferente es haciendo lo que amas".
Steve Jobs

"No hay que apagar la luz del otro para lograr que brille la nuestra".
Gandhi

INTRODUCCIÓN

Hola, empiezo por acá, porque me pareció genial hacerlo así…

Es un poco atípica mi introducción, un poco larga, pero linda…

Quiero escribir una trilogía, y voy a empezar por el final para llegar al principio o por el principio para llegar al final.

¿Y por qué me parece genial? Porque al contarte esto seguro que en algo te voy a ayudar y lo vas a ir entendiendo más adelante. Te voy a contar de mi mundo interior, de mi mundo inconsciente, el que cuando era niña no sabía que existía.

Mi misión es que llegues a entender por qué te han sucedido algunas situaciones en tu vida para que las reviertas y cada día seas una persona feliz, agradecida de cada uno de los pasos que vas dando día a día, y que nunca, nunca postergues tus sueños.

Uno de mis grandes sueños desde pequeña era escribir un libro, y ahora lo estoy concretando. Todo lo que te propongas se te va a cumplir, te lo aseguro, porque lo he comprobado. Entrando a tu mundo inconsciente lo vas a lograr.

Por esto les voy a contar un poco de mí y voy a empezar contándoles sobre la casa de mi abuela

Aurelia, era uno de esos lugares mágicos en los que amaba estar.

Seguro que querrán saber cómo era ella. Era silenciosa, le gustaba sentarse en un sillón a mirar la telenovela y a tejer, también leía el diario todos los días y además, cocinaba como los dioses. Era una mujer muy linda, sus ojos eran maravillosos, la única foto que he visto de ella de joven es, cuando se casó, y realmente era una reina.

Su casa era grande, con escaleras majestuosas y brillantes (debajo de la escalera teníamos una "casa" secreta, ahí era el lugar de reunión con mi hermana y mis primos, contábamos historias de todo tipo).

Las habitaciones nunca las terminaba de revolver, siempre quería encontrar algo misterioso....

La cocina era como las de los cuentos, tenía una despensa que era otro lugar para esconderse y desaparecer de la realidad. Había una máquina de rallar queso, muy vieja con el mango de madera y yo buscaba pedacitos de queso que se quedaban pegados, creo que mi abuela los dejaba a propósito para que los comiera. Siempre me imaginaba que iba a llegar el ratón Pérez con su familia a buscar comida.

Me quedaba largos ratos esperando su llegada…

El patio… ¡¡¡El patio era hermoso!!! Siempre buscaba tesoros ocultos (esa imaginación la heredé de mi papá), no los encontraba, pero para mí estaban ahí.

En el patio había un limonero gigante, ¡¡ja!! Me subía al techo y juntaba limones en una antigua canasta como la de Caperucita Roja. Además, esto no se lo cuenten a nadie, ¡¡¡espiaba a mis vecinos!!! ¡¡¡Me divertía mucho!!! Y jugábamos a la mancha, arriba del techo.

En el patio había una lavandería con una tabla, esa con la que lavaban a mano la ropa blanca, olía siempre a limpio, a jabón en pan, al lado un baño y después…

…¡¡¡Dos mágicas habitaciones!!! Llenas de cartas de amor, libros con hojas marrones de la antigüedad que tenían, diarios viejos, (no entiendo por qué tantos), muñecas de porcelana que parecían diabólicas, roperos antiguos con ropa de abuelos, bisabuelos y quién sabe qué.

Con mi hermana me disfrazaba y jugaba con las muñecas. Leíamos las cartas de amor que se escribían mis abuelos. Todo era mágico, divertido y único.

Mi abuela me enseñó a tejer, les tejía ropa a mis muñecas articuladas, ahora son las *Barbies*. Cuando ella cocinaba la observaba, y también aprendí algo de cocina con ella.

La casa de mi abuela Aurelia era el lugar donde encontraba mi paz. Charlábamos mucho… Aquí realmente me perdía en mi mundo inconsciente, porque no sabía en qué momento se me pasaba el tiempo.

Con mi abuela vivía la hermana mayor de mi papá, una mujer extraordinariamente linda, seductora, atractiva, soltera…, el arquetipo de mujer que yo sigo.

Les cuento un poquito de ella: era muy, muy bella, tenía las mejores ropas y telas de última moda, tacones altos, uñas largas y extremadamente prolijas, era hermosísima. Creo que ni siquiera se la podrían imaginar…

Nosotras veíamos que tenía noviecitos, pero nunca los llevaba a la casa de mi abuela. Su habitación era luminosa y tenía todo muy prolijamente guardado, cuando ella salía… ¡¡¡Al ataque!!!

Nos disfrazábamos de ella, dejábamos la habitación como ella la había dejado, creíamos que no se daba cuenta, pero ahora de grande me doy cuenta de que no era así… Imagínense el lío que hacíamos.

Ella nos llevaba a chamanes, curanderos, la Blanquita, sanadores de manos, curas, exorcistas, a la casa de sus novios o tal vez amantes, y vaya a saber qué otras cosas.

A mí me encantaba ir a esos lugares, eran mágicos, misteriosos, raros, algunos daban miedo, bastante… ¿Se lo pueden imaginar?

Un día nos dijo que íbamos a ir de noche, ¿y saben qué hicimos? Caminamos por las brasas, algo muy tradicional para festejar a San Juan.

Yo creo que, viendo, sintiendo y observando esas "cosas", se me despertó algo que no sé explicar.

Las Navidades eran geniales, con mi abuela armábamos el pino de Navidad, que era gigante.

Unos días previos a Nochebuena, con mi hermana mayor (yo era la segunda…, el varoncito que siempre quisieron), tratábamos de ver dónde estaban escondidos los regalos, le dábamos vueltas a los roperos, alacenas y al sótano.

Hasta que los encontrábamos y tratábamos de adivinar de quién era cada cual.

Mi papá trabajaba a la mañana y, a la tarde, para mí, yo era su gran compañera. Siempre me contaba historias que tenían misterio, él fue siempre muy libre y le gusta la naturaleza, me contaba historias de duendes en la montaña, de cuevas escondidas, de OVNIS y les juro, que es el día de hoy que sigo mirando las montañas para ver si veo algo misteriosos o fuera de lo común.

Mi mamá trabajaba por la tarde, ella era muy linda, cocinaba muy rico y el recuerdo más lindo que tengo de ella es cuando nos íbamos de vacaciones al El Nihuil.

Nosotros íbamos al colegio a la mañana, por eso estábamos mucho tiempo con mi abuela y mi tía, que vivían frente a mi casa.

En mi casa no estaba mucho, no me gustaba estar. Pero había dos lugares en los que sí me agradaba quedarme: en una habitación en el patio o atrás de un sillón en el *living,* que hacía de la casita de mis sueños.

Pero en mi casa sí había un tesoro… un gran tesoro. Mi carpeta de viajes (juntaba todas las fotos de diferentes lugares del mundo, de diarios, revistas, folletos, etcétera). La tenía guardada en esa habitación del patio o en mi dormitorio. Me iba atrás del sillón y era como si me sumergiera en esas fotos y desapareciera de la realidad. Sentía el olor a mar, el aire fresco, la lluvia, los sabores de la comida, el sabor de los jugos de frutas frescas, realmente inolvidable. Todo eso lo guardé en mi mundo inconsciente.

Me imaginaba que era millonaria y que con mi marido conocía todo el mundo.

Mi vida era fabulosa, jugaba con mis amigos del barrio, planeaba cosas para jugar, todos me seguían (me encantaba). Mi mamá me decía PATA DE PERRO, porque nunca estaba en mi casa.

Siempre se me ocurrían ideas y las concretaba tal cual me las imaginaba.

Recuerdo que un día en una casita, que teníamos en un lote desocupado, hicimos un *risotto*, el *risotto* más rico que me he comido en mi vida, me lo imaginé, ese olorcito a cebolla, ajo, caldo y el arroz. Conseguimos todos los ingredientes, cada uno de mis amigos traía un puñadito de arroz, la mitad de una cebolla, el ajo… Era así de simple, pero riquísimo. Se nos quemó, pero igual lo comimos. ¿Pueden sentir ese olorcito a arroz de casita de niños con amigos? ¡¡¡Es lo más!!!

Ahora les voy a contar de la casa de mi otra abuela, mi abuela Chola, una genia por donde la miraras. Era una mujer muy fuerte, trabajadora, cocinaba riquísimo y, además, era tremendamente buena, no, me equivoqué, extremadamente buena.

Los fines de semana íbamos todos los nietos a dormir a su hogar. Pobre Chola, le dábamos vueltas la casa, en ella, buscábamos espíritus y en especial al TIRUBÍ (porque cuando nos acostaba nos decía que si no nos dormíamos rápido, venía el espíritu del él, entonces, cerrábamos los ojos y nos poníamos en alerta, a la espera de escuchar algún sonido por si se acercaba).

Ella era muy católica y rezaba toooooodo el día, y nosotros le decíamos que había espíritus y ella se ponía muy, muy mal, porque ofendíamos a Dios. ¿Les parece un poco contradictorio?

Pero la pasábamos muy bien a pesar de la noche...

Nos cocinaba como una diosa el arroz con pollo más rico que he comido en mi vida, asaba los morrones, ese olorcito…, pelaba las arvejas con nosotros, una tras otra, ¡crack!, ¡crack!, ¡crack!, doraba el pollo, que ella misma matabaaaaaa, y le ponía los condimentos más ricos que se puedan imaginar, nunca nos develó su secreto.

En la casa de ella hacíamos pócimas mágicas y se las llevábamos a una vecina que para nosotros era una bruja (la tía Emilia), también le hacíamos tortas con las cosas más asquerosas que se les puedan ocurrir, eso se lo dejo a ustedes para que se lo imaginen.

¿Se lo imaginaron? ¡Puag!

Pero, parece que no era tan bruja, porque nos recibía los regalos y seguía nuestro juego, nada más que nos asustaba.

También había una higuera, tan grande que si la abrazábamos entre todos los primos no llegábamos a tomarnos las manos, y eso que éramos cinco.

A la siesta, para no hacer ruido, nos subíamos arriba de la higuera, porque si nos quedábamos dentro de la casa hacíamos mucho ruido y mi abuela no podía dormir.

Ahora les cuento de mí…

La verdad, mi mamá tenía razón, era una PATA DE PERRO. No me gustaba estar en mi casa, ¡definitivamente no! Me imagino que ya se habían dado cuenta…

Cómo me gustaba jugar con mis amigos, también me gustaba estar sola. Eran momentos diferentes, pero sentía algo, una sensación de gozo que era única, en mi soledad más solitaria y rodeada de mis amigos. El tiempo no existía, era lo más. Era mi mundo inconsciente, el tiempo no existía.

Para mí, viajaba por el tiempo, no sé, es como si hubiese vivido en diferentes lugares y…

Eso sí, odiabaaaa ir a la escuela, ahí siempre estaba sola, me aburría, las maestras eran odiosas, me obligaban a tomar leche, porque en esa época nos daban leche en la escuela. Y yo odiaba la leche, entonces siempre vomitaba… ¡Qué asco!, ¿no?

En la escuela me comparaban con mi hermana mayor, ella era y es muy inteligente, y yo, como soy la segunda hermana, siempre, siempre, siempre me decían que era raro que fuera hermana de ella, es seguro que es Stornini? ¡Porque nada que ver a su hermana! Hasta les llegaba a decir a mis padres que era adoptada…

Mi hermana era la pulcra, la prolija, la inteligente, la ordenada, la niña que siempre estaba en casa, la estudiosa, y todo lo lindo que se quieran imaginar de ella. Yo no la veía así, la veía como hermana mía, diferente a mí, pero yo no veía eso en ella, era y sigue siendo un ejemplo para mí. También tengo dos hermanos más pequeños, que yo los cuidaba mucho.

Se imaginan cómo era yo…, no hace falta describírselo, ¡TODO LO CONTRARIO A MI HERMANA MAYOR! Obviamente…

Pero bueno o malo, es lo que me tocó, y gracias a eso he llegado a lugares a los que nadie más ha llegado, a investigar cosas que nadie se ha imaginado, a buscar respuestas que nadie se había preguntado, a leer libros que nadie leía, más de 200 libros de los temas que he escrito y de Autoayuda, Física Cuántica, espiritualidad, Meditación, Sanación, Biodecodificación, Bioneuroemoción®, Desdoblamiento del Tiempo, 5 Leyes Biológicas, Un curso de Milagros, Coaching Generativo, Coaching Ontológico, Hipnosis y Trance Generativo, Marketing, he participado del Evento Vuelvete Imparable, entre otros, fuentes obtenidas de videos, revistas, libros, documentos, cursos, mentorías, he viajado más de 30000 km para realizar formaciones, he invertido más de 25000 euros en las capacitaciones, he puesto a prueba lo aprendido en todo esto con excelentes resultados.

Así me he entrado en lugares inesperados, también he tenido decepciones y muchas alegrías…

Tal vez he heredado algo de estos tres "personajes" y de mi libro de viajes, que estuvieron muy presentes en mi infancia o yo los hice presentes…

De Aurelia, su pasividad, gracias a ella he obtenido muchos logros y ellos me han llevado a la acción. Me enseñó a ir detrás de la zanahoria hasta alcanzarla y así por otra, y por otra, y por otra…

Chola, su perseverancia y pasión por lo que hacía, el perfeccionismo, la prolijidad con la que realizaba sus trabajos. Cuando hablo de pasión, también hablo de esa pasión de amor, que yo creo que la tenía oculta. En su mundo inconsciente.

Mi tía Chiquita, la hermana de mi papá, ella era un poquito de las de cada una, pero tenía algo, algo que no lo puedo explicar, toda su sensualidad, espiritualidad, siempre me atrajeron.

Por eso te digo que quiero escribir tres libros, porque dentro de estos tres personajes hay historias ocultas, las cuales yo voy a modernizar y actualizar.

Y les nombre a mi papá porque eso de fantasear, de buscar tesoros ocultos misteriosos, lo he sacado de él y mi libro de viaje…es lo más mágico que he tenido en mi vida, gracias a él he visto como se hacen realidad todo lo que vos quieras y lo que no… También…

Seguramente vos también has tenido algunos "personajes", "libros", "muñecos", etcétera, que han marcado tu vida, que te han dejado enseñanzas y te han hecho sobrevivir…

¿Recordás alguno?

En mi infancia, viví diferentes situaciones y siempre trataba de buscar respuestas a todo, entonces comencé a leer libros de espiritualidad, de autoayuda, etcétera.

Me ayudaron muchísimo en todo lo que hice y estoy haciendo en mi vida. ¿Vos has hecho lo mismo?

Quiero que veas la versión que has hecho de vos mismo hasta ahora, que hagas un viaje. Un viaje en donde estabas en la panza de tu mamá, tu nacimiento, tu infancia, tu adolescencia y tu adultez. Te voy a explicar cómo funciona nuestra mente, nuestras emociones y nuestra biología.

También debes haber vivido situaciones similares a las mías y otras no. Eso va forjando tu vida. Y en realidad lo que va forjando tu vida es tu mundo inconsciente.

Tal vez hoy te sientas desorientado, sin rumbo, sin saber qué hacer, sin entender el porqué has llegado a donde estás y de esta forma.

Porque, en realidad sos lo que crees, por todas esas vivencias positivas o negativas que has tenido en tu vida.

Y todo lo que sos, es una mentira, creada por nosotros mismos.

Nosotros llevamos en nuestro interior a un superhéroe que a veces se queda dormido. Es nuestro inconsciente.

¡¡¡Lo vamos a despertar, yo te voy a ayudar!!!

Ese héroe te va a ayudar a desarrollar la paciencia necesaria para seguir adelante ante cualquier compromiso que te propongas, porque vos sos valiente, grandioso, tenés grandes dones, que los vamos a explotar a su máximo, vas a actuar pensando y comprometiéndote en cada paso que des. Para que encuentres tu mejor versión.

Ya sabes que mi único objetivo es que seas feliz y que te desafíes constantemente.

PARTE 1
Palabras conocidas y desconocidas

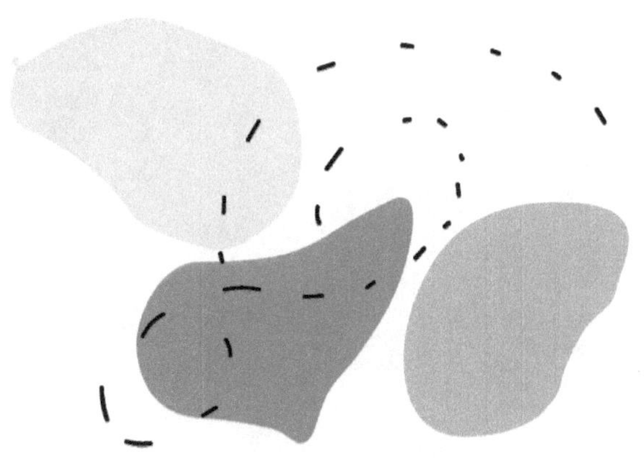

LO QUE NO SABÍA

Lo que no sabía y cambió mi vida.

…Te voy a contar una de las tantas historias que tengo, la primera que se me vino a la cabeza. Te digo esto porque te voy a ir preparando para que lo primero que se te venga a la cabeza lo analicemos y lo veamos.

Una siesta de verano de 1979, en realidad todo continuaba, una siesta de verano de 1979, después les explico por qué digo **continuaba**…

El calor era terrible, el sol brillaba como una bola dorada, los pisos calientes, las paredes de toda la casa calientes. El sol entraba por los agujeritos de la persiana americana que había en el *living* de mi casa. Cada rayito de sol que se asomaba y se extendía parecía que iba a quemar cada cosa que tocaba…

Mis padres dormían, no teníamos que hacer ruido porque nos retaban, ¡¡¡ja, ja, ja!!! Recuerdo que salía mi mamá de la habitación y nos decía: "¡¡¡DEJEN DE HACER RUIDO O SU PAPÁ LAS VA A MATAR!!!".

Obviamente que nosotras no nos dábamos cuenta de que hacíamos ruido porque nos abstraíamos en nuestro mundo, en nuestro juego, en nuestra mente inocente.

Al rato, mi mamá nos volvía a advertir que no hiciéramos ruido y nosotras volvíamos a hacer ruido, y entonces… ¿se pueden imaginar qué pasaba?

Salía mi mamá del dormitorio como si fuera un toro enfurecido y nos empezaba a correr por la galería de baldosas rojas brillantes y resbaladizas. Con una mano se iba sacando una pantufla del pie y daba saltos con el otro. A nosotras en vez de miedo nos daba risa, pero a la vez sentíamos enojo con ella porque no sabíamos por qué actuaba así, con tanta furia.

Nos daba unos chirlos en la cola, llorábamos, ella se acostaba y nosotras seguíamos jugando. Como si nada hubiera pasado…

Eso creía hasta que crecí, por eso al contarte estas historias que he vivido sé que sí o sí te van a servir a vos.

Ahora te voy a contar por qué te decía "todo **continuaba**". ¿Ustedes saben cómo funciona nuestro Inconsciente?

Te voy a explicar un poquito y seguro que con esto te voy a ayudar a resolver algunas cuestiones que tal vez te están molestando en este momento, que te fastidian y no las podés entender.

Quiero que cada día mejores y puedas tener éxito en todo lo que hagas. Cada uno de los días la vida te mostrará muchas oportunidades y tu vida depende de cómo respondas a esas oportunidades.

Para que entiendas con facilidad cómo podés responder mejor a esas oportunidades, te lo voy a contar como una historia. Volvamos a ser niños, pongamos plena atención a este cuento que te voy a contar.

La historia del INCONSCIENTE
y su amigo CONSCIENTE

¡¡Hola!! ¿Cómo estás? Yo me llamo inconsciente, para que te lo imagines de forma gráfica, estoy en la "mente" (la función de la mente es protegerte y que no salgas de la zona de confort, la mente funciona por placer y dolor y si ve que estás sufriendo o te está frustrando o molestando hacer algo nuevo, lo que va a querer, es que lo abandones), de to-dasssss las personas.

Y dentro de esa mente, estoy muyyyyy cómodo, ¡¡¡porque ocupo entre el 90 % y el 97 % de ella!!! Mientras estamos despiertos y mientras dormimos ocupo tooooodooooooooo el 100 %.

Tengo muchas cualidades, para mí el tiempo no existe, somos todos uno, no juzgo, no critico, no analizo y GUARDO todo, absolutamente todo. Interactúo constantemente con mi amigo CONSCIENTE.

Antes de seguir, te describo a mi amigo CONSCIENTE. Él sabe lo que sabe, juzga todo, analiza todo, estamos todos separados, no tenemos que ver nada con nada, el tiempo sí existe.

Es el resultado de la evolución más reciente del cerebro, la corteza prefrontal. Es la mente creativa e imaginativa que contiene nuestros deseos, anhelos y aspiraciones en la vida, contiene imágenes del futuro deseado.

El CONSCIENTE te ayuda a percibir el mundo según como él lo juzgue o lo analice, y yo, como no juzgo ni analizo, tomo todo lo que él percibe y voy armando carpetas de diferentes situaciones, hasta de cuando vos estabas en la panza de tu mamá.

Ahora te sigo contando de mí. Soy como una filmadora que va observando y escuchando todo lo que pasa a tu alrededor, aunque vos no te des cuenta. Y me pueden diferenciar como inconsciente personal, que son todas mis vivencias y como yo las interpreto, y también como inconsciente colectivo, que son todas las vivencias heredadas y que tiene el ambiente emocional en el que me muevo y así creo mi mapa mental.

El inconsciente colectivo es una esencia psicológica que todos los seres humanos compartimos entre nosotros. Toda la información recopilada tras infinidad de generaciones de seres vivos permanece almacenada en nuestra mente.

Pero, además de observar y escuchar, también siento cosas en el cuerpo. Para que te lo imagines, son esas sensaciones que a veces te dan, por ejemplo, en la garganta, en el corazón, entre medio de las costillas, debajo de ellas y debajo del ombligo. Esas sensaciones de cuando te asustás o cuando te alegrás... todo eso lo guardo.

También guardo olores, sabores, caricias, sensaciones corporales de cuando hace frío y cuando hace calor. Te doy un ejemplo de la mente de Laura, ella, siente el olor a la flor de Jazmín y le trae recuerdos de la Navidad, para ella la flor de Jazmín es Navidad, ¿cuándo se le grabó eso en su mente?, ella no lo sabe, pero como el inconsciente guarda todo y cuando aparece una situación similar a cuando se grabó "eso", con un alto impacto emocional a ella se le activa ese recuerdo. Esos recuerdo que aparecen de la nada y que no sabemos por qué aparecen, se llaman engramas.

Los engramas son como huellas en nuestro cerebro, se forman con sensaciones físicas y alto impacto emocional. Por eso cuando vivimos una experiencia similar al instante se genera una interconexión neuronal que influye en nuestros pensamientos, emociones y conducta. Y generalmente no entendés por qué te está pasando lo que te pasa.

Mi prioridad es protegerte de cualquier peligro. ¿Y saben qué? Me manejo mucho por símbolos, para mí todo es simbólico.

Y como guardo todo eso, guardo las escenas. Pero, a veces, vos no te das cuenta. Porque, como mi nombre lo dice, me llamo Inconsciente.

Este MUNDO INCONSCIENTE, representa hábitos, programas y patrones. Cuando aprendemos un hábito, la mente inconsciente se encarga de reproducirlo de forma automática y reactiva sin que debamos pensar en ello, lo que nos ahorra tener que aprenderlo una y otra vez.

Te voy a dar un ejemplo, ¿viste cuando vos te ponías a jugar y tu mamá o papá te llamaban porque era tarde? Vos seguramente no te habías dado cuenta del tiempo que había pasado.

Durante todo ese tiempo, yo estaba cumpliendo mi papel de filmar todo, absolutamente todo, como te lo expliqué anteriormente. Tal vez cuando jugabas en el patio de tu amigo pasaba gente caminando, se oían perros ladrar, gatos maullar, sentías calor o tal vez frío, se caía alguna hoja del árbol, charlaba gente, se peleaban vecinos, se reían otros, sentías hambre, y yo todo eso lo guardé.

Guardo lo bueno, lo malo, todo, absolutamente todo, porque no juzgo. Y lo que le pasó al otro, como para mí el otro no existe, también me pasa a mí.

Cuando sos bebé, ya hasta los tres años aproximadamente, sos 100 % inconsciente, entonces sos una prolongación de tu mamá, de todo lo que vive ella con respecto al mundo que la rodea y, por lo tanto, lo estás viviendo vos también. Y como el tiempo no existe, recuerdas algo que le pasó a tu mamá cuando vos estabas en la panza, y vos ahora revivís una situación parecida y decís: ¿Qué me está pasando? ¿Por qué siento esto?

Es la mente programada, llena de creencias. Estas creencias las podemos cambiar, ya que son el resultado de un hábito, y un hábito es el resultado de una repetición sostenida, la repetición consciente de acciones diestras y pensamientos expansivos nos permitirá crear nuevos hábitos que reemplacen a los viejos hábitos.

Otra gran particularidad para no olvidar es que soy como una bestia, un animal, reacciono ante un mínimo estímulo. Por ejemplo, vos sos un humano y yo ahora te pregunto: ¿SOS UN PERRO? ¿Cuál es tu respuesta? NO. Así de rápido respondo.

Esta fue mi presentación.

Atentamente, El Inconsciente.

Algunas señales…

Como ya sabés cómo actúa el inconsciente y el consciente vamos a ir identificando esas señales.

Quiero que identifiques las tuyas, quiero que uses tu parte CONSCIENTE para que actúes con el INCONSCIENTE y tomes consciencia de esos frenos, programas (creencias), repeticiones de historias, que te han ido sucediendo y no has podido darte cuenta del porqué te sucedían, tal vez lo has llamado mala suerte, casualidad o fracaso.

Pero, ¿sabés una cosa? El fracaso es el precio de la grandeza, es imprescindible para cualquier logro importante.

Por eso, como te decía antes, como para el inconsciente el tiempo no existe, algo que me pasó hace unos meses atrás o tal vez años y hoy lo vivo en una situación similar con las mismas emociones, sentimientos, clima, voces, perro aullando, gatos maullando, etcétera, para mi inconsciente, que ocupa casi el 100 % de mi mente, es lo mismo. ¿Y para qué se repite lo mismo? Para decirte que lo resuelvas. Y fíjate que siempre has estado haciendo las mismas cosas y has esperado resultados diferentes, pero has obtenido los mismos.

Es como si te estuvieran zamarreando y diciéndote: "Dale, vos podés, mirá lo que te estoy mostrando". Y vos, como creés que es casualidad, lo dejás pasar.

Supongamos que estoy viendo una película y veo a una mujer enojadísima que castiga a sus hijos, esto lo estoy viviendo en forma consciente, mi pequeña parte, que es casi entre el 3% y el 10 % de mi mente.

Y de repente siento enojo, ¿se dieron cuenta qué pasó?

Yo sí, el inconsciente me trajo el recuerdo de cuando mi mamá nos corría con la pantufla y todo eso que te conté que a mí me daba enojo.

Y así me puede pasar en el trabajo si veo a alguien similar a mi mamá, o si veo unas baldosas rojas brillantes, o si siento un calor terrible, o si hago ruido en lugares donde tengo que estar en silencio.

Pero lo que pasa es que nosotros no podemos estar un 100 % conscientes, porque nos volveríamos locos, entonces tenemos que estar más alertas a esas señales que nos van ocurriendo. Por lo tanto, tenemos que estar más atentos a nuestros pensamientos.

Al tener miles de pensamientos diarios y no estar conscientes de ellos, atraemos a nuestra vida circunstancias similares a las que hemos vivido con anterioridad.

Y como te dije, el inconsciente es inocente, atemporal, no juzga, no discrimina, y somos todos uno. Al ver una situación, un gesto, un sonido, una caricia o algo que se asemeje a algo que él guardó, nuestro cuerpo empieza a sentir cosas inexplicables y no sabemos por qué.

¿Cómo conocemos estas señales?

Te voy a pedir que te imagines alguna película que hayas visto y justo veas una escena de violencia que te trae un recuerdo doloroso.

Automáticamente tu respiración se acelera, las manos te sudan, el corazón cambia su ritmo, y no sabemos bien qué nos pasa.

El inconsciente no puede razonar ni entender que estás tranquilamente sentado viendo una película. La emoción (nudo en la garganta, presión en el pecho, presión debajo de las costillas, cosquilleo en el estómago o dolor de estómago), en este tipo de casos, actúa como el vehículo que vincula el inconsciente con nuestra forma de percibir y entender el mundo que vemos, así como la interpretación que le damos.

Aquí se te activó un engrama. Un recuerdo de algo de lo que no éramos conscientes o que conscientemente lo hemos borrado.

¿Te ha pasado esto alguna vez?

Seguramente sí.

Pero gracias a estas emociones nos movilizamos para ser mejores y llegar a ser nuestra mejor versión, haciendo, haciendo, haciendo. Siempre en base de buenos pilares.

Yo siempre, desde chiquita, he querido escribir libros, y por mis creencias y situaciones vividas y lo que me he creado de mí misma siempre lo dejé de lado. Cuando era pequeñita los libros tenían que ser de terror, y sigo con la idea y lo voy a hacer en tercer puesto, ahora voy a escribir uno de desarrollo personal y el final de mi trilogía es uno de suspenso, terror o algo parecido y después obviamente que voy a seguir escribiendo, ¿adivienen de qué?....

Les cuento esto porque quiero que ustedes también hagan lo que siempre han soñado, y si se equivocan, que sigan adelante, pero que nunca paren, nunca…

Agradezco a mi parte Consciente y a mi Inconsciente que cada día se unan más a mis deseos. Y a los deseos de cada uno de ustedes.

Quiero de todo corazón que te sientas identificado con lo que te conté y puedas ver cómo interactúan el inconsciente y el consciente para que no llegues a lo que quieres o tal vez para que sí llegues…

…Ahora te cuento que voy a escribir tres libros. El primero es para que veas cómo llegué a comprender cosas inexplicables (obviamente leyendo, estudiando, formándome), el próximo te prometo que va a ser de amor y… un poquito de erotismo y el otro de terror o tal vez de suspenso, me encantan los misterios.

¿Cuál es tu sueño postergado?

Andá por él, no lo dejes escapar, está esperando que lo atrapes y hagas de él lo mejor…

¿QUIÉN SOY?

Hola, mi nombre es Laura Stornini, me gusta mucho ayudar a las personas. Esto me encanta, me satisface el alma y sé que ayudando a los otros, también me ayudo a mí misma.

Estoy muy agradecida por haber comenzado este camino de búsqueda espiritual, de mi modo de relacionarme conmigo misma y con los demás. De percibir la realidad de una forma más expansiva, haciéndola más global, incrementando mi responsabilidad personal para buscar el equilibrio energético entre la vida interna y externa. Vivir como un todo con la conciencia de que somos partes que no se ven de la creación o del creador o de cómo quiéramos llamarlo.

Muchos de nosotros llevamos máscaras, trajes, disfraces, y eso hace que se distorsione nuestro ser. A veces, llevamos un traje arriba del otro, y en este mundo que va tan rápido, nos ponemos uno, nos sacamos otro y a veces nos olvidamos de guardarlos. Ya vamos caminando con una carga de disfraces.

En realidad, lo que tendríamos que hacer es tener un gran vestidor con muchos trajes o disfraces y el que necesitáramos X día nos lo pondríamos, pero no es así.

¿De qué trajes les estoy hablando? El de mamá, de papá, de esposo, de esposa, de amante, de hija, de hijo, de empleado, de empleada, de jugador de fútbol, de alumno, de alumna, de enojada, de triste, de angustiado, de loco, de alegre, de silencios, de llanto, de deseo, de miedo…

Yo hago consultas en Bioneuroemoción® y cuando alguien llega a mi consulta, sé que vino porque está dispuesto a quitarse un traje, el que más le moleste en ese momento.

Y que vea que puede percibir la realidad de otra manera, aumentando su conciencia de por qué y para qué vive esas experiencias, situaciones o relaciones y así de a poco entrenar la mente para mantenerse en el presente en plena consciencia. Y que entienda que él ha creado esa realidad y también la puede revertir haciéndose responsable de lo que está proyectando, porque como es adentro es afuera. La reacción a lo que ha proyectado solidifica la creencia de la misma, lo que lo lleva a proyectar la imagen, viendo lo que ha proyectado y reaccionando a sus proyecciones como si fueran reales.

El único inconveniente para que aceptes lo nuevo es que desees guardar lo antiguo.

MI ESPACIO

Mi consultorio es armonioso, está ubicado en la última habitación de mi casa, tiene una puerta ventana grande y una pequeña ventana al costado. Cuando vas entrando ves un sendero todo verde, hay un hermoso laurel de flores blancas y debajo de él un Buda. Lo vi un día y me encantó, por eso lo puse ahí. No sé qué les veo a los Budas, pero me inspiran amor.

Me contaron que ese Buda sentado durmiendo sobre su propia rodilla con una sonrisa dula, significa sabiduría y la atrae hacia el dueño del mismo, ¡hacia mí!. Además da tranquilidad emocional y paz.

El jardín es verde, amplio, con muchas plantas, palmeras y una hermosa pileta.

Mis clientes, como yo les digo (no les digo pacientes porque me suena a enfermos y, en realidad, tienen una lucha interna entre el corazón y la mente, una lucha con sus creencias), se sienten muy cómodos en este sitio y, a veces, me dicen que se quieren llevar en la mente el lugar, los sonidos y mi voz.

En el interior de mi consultorio hay dos hermosos y cómodos sillones, dos pufs peluditos, un mueble donde tengo libros y los historiales de cada uno de ellos y, sobre ese mueble, otro Buda con una luz de sal y una plantita.

Sobre esa misma pared, tengo colgada una sagrada familia porque a mis citas acuden personas de diferentes credos y acepto a cada una de ellas con sus ideales.

También hay un baúl antiguo con pequeños baúles metálicos llenos de velas y cartas con mensajes, que les hago escoger cuando finaliza la sesión.

Hay un gran ficus y candelabros marroquíes colgados por todos lados, donde pongo pequeñas velitas para armonizar el ambiente.

Arriba de los pufs tengo caramelos y pañuelitos por si alguno llora y también un pequeño cesto de la basura al lado del sillón donde se sienta mi cliente.

Es un lugar muy acogedor, donde el cliente y yo nos sentimos muy cómodos.

Todo es constantemente nuevo, sencillamente bello y totalmente compartido.

LO QUE ME PASÓ

Ahora te voy a contar cómo llegué a todo esto y te voy a ir mostrando un resumen de lo que he ido estudiando. Como les conté al principio, siempre fui una niña muy libre y me gustaba tomar decisiones por mis propios medios, eso me trajo varios problemas, pero siempre se pudieron resolver.

Siempre me gustó lo "mágico", leía esos libros "diferentes" y viajaba por lugares impensados.

Para mí es una pasión, casi una obsesión, transitar por estos acompañamientos. Doy, no para recibir, sino porque todos somos uno y por eso recibimos tal y como damos.

Mis acompañamientos se basan en un método holístico con una visión cuántica de la realidad, se apoyan en investigaciones y estudios científicos. Con este método cambio la forma de ver la realidad y de vivir de las personas trabajando las creencias que lo están limitando para poder vivir una vida plena y feliz.

No trato de convencer a nadie porque sus creencias son verdades para ellos y tal vez necesiten creer en eso para sentirse protegidos, porque no nos olvidemos de que la mente lo único que quiere es protegernos.

Una creencia no es solamente una idea que la mente posee, sino una idea que posee a la mente.

Escucho atentamente lo que cada cliente me cuenta, escribo cada palabra, cada frase que se repite en forma continua disfrazada de otras palabras. "Vos no vas a poder", "Sos muy malo en eso", "Qué fea nariz tenés".

Sé que ese proceso de haber llegado a mí ha sido doloroso y que va a seguir siéndolo, pero tiene el deseo y el valor para ver otros resultados que van a ser extraordinarios. Lo sé porque también lo fue para mí. Y lo sigue siendo porque día a día es un despertar de consciencia.

Lo que hago en la consulta es que mi cliente tome consciencia, que cambie la forma de percibir una situación, que antes la veía de una forma y ahora inexplicablemente la ve de otra, esta otra manera le transmite un estado de paz interior, el saber que todo va a estar bien. Y yo al trabajar con mi cliente también tengo cambios constantes en mi interior, en mi mundo inconsciente.

Nosotros nacemos programados y este aprendizaje programado consiste en que aprendas que vos sos el efecto y el mundo que percibes es tu causa. Y este aprendizaje, lo creas o no, lo tienes totalmente aprendido. Eres adicto a los juicios. Los cuales nos han enseñado a ver el mundo. Este viejo programa te recuerda constantemente quién te has creído que eres, cómo debes pensar.

Por eso la mejor manera de resolver un problema es trascenderlo y verlo de otra forma.

Yo siempre les digo a mis clientes: "Vamos a entrar al inconsciente y vamos a trabajar con algo que te moleste. Tal vez ese algo que te moleste lo ves en forma de puntito, lo vamos a sacar del inconsciente, lo vamos a moldear y lo vamos a guardar nuevamente en el inconsciente en forma de cuadradito". Este es un ejemplo en forma de cuentito, es como una representación. El inconsciente se maneja de manera simbólica y esto es una buena forma de que la persona lo entienda.

Y también les explico que todo lo que está en el inconsciente no se puede borrar ni hacer desaparecer, pero sí cambiar la forma de verlo. Pero hay que cambiar los hábitos que hemos detectado que nos hacían actuar así: un nuevo conocimiento implica un nuevo aprendizaje, en donde tanto conocimiento como aprendizaje son pura experiencia. Hay que hacer, hacer, y hacer.

Cuando la mente deja de tener la razón, de posicionarse, y empieza a no juzgar, surge el proceso de la comprensión.

La comprensión puede ser aprendida, pero no enseñada, no puede ser expresada, se manifiesta y listo, no tiene significado ni explicación, ves la importancia de no juzgar, estás más atento, dejas que las cosas fluyan. Es como si de repente comenzaras a ver todo diferente y no sabes en qué momento te cambiaron esas gafas que te hacían ver de otra forma. Es un EUREKA!!!

Una creencia no es solamente una idea que la mente posee, sino una idea que posee a la mente.

COMPRENSIÓN

Gracias a varios profesores, mentores, licenciados, como los quieras llamar, he aprendido muchas cosas que mi inconsciente sabía, pero yo, conscientemente, no las integraba. Por eso te voy a ir contando mucha terminología, para que lleguemos más fácil al estado de comprensión.

No olvidemos que a la mente le encanta opinar, y las opiniones son muy peligrosas por la carga emocional que tienen. Cuando no opinamos más o no juzgamos más se produce una gran liberación de controlar. Así te libras de la búsqueda de argumentos, que lo hace tu parte consciente.

Para una persona espiritualmente avanzada, las opiniones que los demás puedan tener de ella son irrelevantes porque vive en plena coherencia emocional, donde el pensar, el decir y el hacer van de la mano. Cuando miras el tiempo que ha pasado, ya no ves tu vida anterior. Eso nos pasa a menudo, pero en el ir y venir de nuestra vida perdemos ese estado, lo dejamos ir.

Es nuestra obligación como personas estar más conscientes para mantenernos en este estado de plena coherencia emocional.

La comprensión te libera de creencias, de experiencias concretas que se ven reflejadas en tu cuerpo, y te permite trascenderlas mediante un profundo cambio de percepción (te recuerdo que la percepción es todo lo que nosotros percibimos acerca de lo que nos rodea, no todos percibimos lo mismo). Lo que en el inconsciente lo veíamos de una forma, cambia.

Tenés que vaciarte de lo viejo para que entre lo nuevo y ser sincero con tus sentimientos para poder observar desde la paz y la aceptación, sin lucha. Esto lo repite uno de mis mentores muy seguido y tiene toda la razón, tenés que comprobarlo, hacerlo, para que te des cuenta de que es verdad, sino lo hacés y decís "eso ya lo sé", queda en la mente y no en el hacer.

Para el que no sabe lo que es un mentor, es una persona que tiene muchos conocimientos y los ha llevado a la práctica. En realidad, todos en algún aspecto somos mentores.

Hay que observar al programa tal y como es para sentir tu propia inversión en él. Tu función es perdonarlo. Y el perdón implica una responsabilidad total sobre la experiencia en la que vives. ¿Lo creés así?

Perdonar es dar las gracias por el aprendizaje.

ESPIRITUALIDAD

Cuando empecé este camino, algunas personas decían que era un camino espiritual, que me estaba metiendo en una secta, ¡ja, ja! Imagínense, en algo raro, me siguen mirando como rara, como que hago brujerías, y lo que hago es vivir en paz.

Ahora les voy a explicar un poquito lo que es la espiritualidad…

…para nosotros o para la mayoría de las personas la espiritualidad está ligada a una gran variedad de conceptos y le damos un sentido…

Puede estar vinculada a una entidad que no pertenece al cuerpo, al alma, a esa virtud que alienta, que estimula al cuerpo para obrar, o ese don sobrenatural que Dios nos concede, es la fuerza de vida. Podríamos llamarla consciencia pura.

Cuando hablamos de espiritualidad, la primer palabra que se nos viene a la cabeza es religión. Y se habla mucho de ella porque está muy arraigada al inconsciente colectivo. Nuestros bisabuelos, abuelos, padres (la mayoría), se han criado bajo alguna religión, y, sobre todo, la cristiana.

La simbología religiosa es un rasgo esencial de nuestra naturaleza humana. Está arraigada en nuestro inconsciente colectivo.

El hecho de buscar elementos externos, dioses, religiones, mitos, incluso cuentos e historias, es simplemente una forma de recordar quiénes somos en un origen: un ser que, poco a poco, ha ido olvidando de dónde proviene y lo que es. En realidad, somos Dioses y Diosas en la tierra.

Colocamos fuera de nosotros todas aquellas cualidades olvidadas para poder volver a conectar con ellas cuando estemos preparados para afrontar nuestra divinidad.

En este camino espiritual yo busco de alguna forma que te conectes emocionalmente con facetas del yo que se escapan de tu comprensión. Ya las vamos a ir trabajando más adelante.

La espiritualidad se trata de conectar la mente con un campo mayor de Consciencia, esa consciencia de Dios, Buda, Energía, Universo, big bang o como quieras llamarlo, mediante estados emocionales que nos impulsan a llegar a ella.

La excelencia espiritual está definida, en términos generales, por la consagración a valores que sirvan para el beneficio del bien común, del cual uno se siente parte.

Aquello que hacemos por los demás finalmente se convierte en algo que nos hacemos a nosotros mismos, y cualquier trabajo, se convierte en un servicio a la humanidad.

Y ahora te resumo que lo que se conoce como vida espiritual implica la aceptación de cada situación como un aprendizaje para conocernos mejor a nosotros mismos, ya que entendemos que nuestra experiencia en el mundo es solo la experiencia de nuestra percepción.

Bajo este estado de conciencia no hay errores que solucionar en el mundo. Todo el bien y el mal que podemos ver es corregido por la transformación de nuestra percepción de la realidad. Toda situación nos ocurre para aprender algo nuevo, tenemos que agradecerla, bendecirla y preguntarle: ¿qué me quieres enseñar hoy?

Cuando comprendemos el concepto de sincronicidad, podemos reconocer nuestras experiencias como una proyección de nuestro estado de conciencia y, entonces, podemos corregir el error en nuestra mente. Lo que es adentro es afuera.

"La experiencia del nivel 'espiritual' está relacionada con lo que se puede llamar el Yo con Y mayúscula: una sensación del ser que va más allá de nuestra imagen de nosotros mismos, de nuestros valores, creencias, pensamientos, acciones o sensaciones. Guarda relación con nuestra conexión con los seres y cosas que están en el sistema mayor que nos rodea. En este nivel de experiencia, el cambio suele venir en forma de un despertar a este contexto mayor, que da significado y propósito a nuestras vidas".
(Dilts, R., Delozier, X. & Dilts)

LAS PREGUNTAS DE LA MENTE

Desde que somos niños siempre estamos buscando respuestas para darle sentido a nuestra existencia, para encontrar respuestas a aquellas cuestiones que no comprendemos. ¿Te ha ocurrido? Este es un proceso innato que surge de nuestro interior y que nos impulsa a evolucionar durante toda nuestra vida.

"Toda apariencia es un engaño. Si consideras toda aparición como no aparición, entonces esa visión es tu verdadera naturaleza.

No te apegues a ningún pensamiento que aparezca en la mente.

Si percibes la forma como el Absoluto, si buscas el Absoluto con tu voz, estás recorriendo el camino equivocado y no puedes ver el verdadero ser.

Todas las combinaciones de cosas son como un sueño, un fantasma, una burbuja o un reflejo.

Son como el rocío o el relámpago. Así deberías percibirlos".

(Sahn, S., 1997: 124)

Si me ponía a buscar información de lo que no podía entender, no la encontraba o los adultos me decían: "¿Para qué querés saber eso?".

Pero si buscaba información sobre las verdades de la ciencia encontraba respuestas por todos lados, por medio de hipótesis demostrables racionalmente fundadas en hechos observables.

El ritual, la mitología y la metafísica son guías para llegar a la iluminación, cuyo paso final debe darlo cada uno en su propia experiencia. Y eso se ha mantenido en secreto, en silencio.

"El silencio es el origen de todo lo que existe".

Después vi que el budismo nos explica que no existimos separados de lo que vemos, que todo está entrelazado, todo está vacío, y que todos los fenómenos son ellos mismos.

"Cuando se limpian las puertas de la percepción, es difícil perderse la asombrosa belleza de la creación".
(William Blake)

Desde nuestra conciencia, nuestra atención está centrada en los pensamientos, ya que nos identificamos con ellos y nos identificamos tanto que creemos que todo tiene que tener un principio y un fin, mediante un orden secuencial de procedimientos.

Solemos hacernos preguntas del tipo: ¿Cómo? ¿Por qué? ¿De qué manera? ¿Qué tengo que hacer? ¿Qué me falta? ¿Y ahora qué hago?

Mientras que, en la conciencia de unidad, donde todos somos uno, el constante desorden de la mente permanece en un segundo plano, ya que esta no se los atribuye ni se identifica con ellos. La conciencia de unidad está conectada con el silencio del que surge el sonido, donde se encuentra, según Buda, el verdadero Yo. Es como si fuéramos a un restorán y tuviéramos millones de opciones de comidas que nos gusten y nosotros elegimos la que más nos conviene en ese momento.

Desde la conciencia de unidad no hay secuencia posible de acontecimientos, ya que vive fuera del espacio-tiempo y se funde en un eterno ahora.

"El camino directo hacia una conciencia superior evita la forma, la dualidad y la percepción".

¿Saben cuándo aparece la revelación?

La revelación aparece cuando se desvanece el concepto de causa y es sustituido por lo que Carl G. Jung solía llamar sincronicidad. Es como un: "Eureka, ¿qué me pasó? Me vino la respuesta de algo y no sabía de dónde".

Cuando nos ocurre esto, podemos reconocer nuestra experiencia como la proyección de nuestro estado de conciencia. Nosotros podemos resolver nuestros conflictos de una forma espiritual, que es en el desaprendizaje de aquellas creencias negativas que impiden nuestra comprensión sobre la sincronicidad del universo.

Por eso decimos que el trabajo espiritual es a un proceso de incertidumbre, en la medida que se adentra en aquello que nos es desconocido, puesto que está fuera de la zona de confort recordando que nuestra mente siempre nos quiere proteger y así crean nuestras propias creencias. Ya te voy a explicar más sobre las creencias y el desaprender de ellas.

El problema es que el ego intenta asimilar la información a través del intelecto, cuando el lenguaje en sí es una representación de algo que no puede ser comunicado con palabras y las palabras son el pensamiento en manifiesto. Recordemos que para el inconsciente todo es simbólico.

Este tipo de pensamiento está asentado en el ego (el ego busca la separación, quiere todo para él) y en su persistencia por creer que este mundo está separado, que no tenemos que ver nada con nada. La resistencia del ego a dejar de hacerse preguntas causales cae en su incapacidad para conocerse a sí mismo como parte del todo.

Cuando se alcanza la disolución final del ego, nuestro aferramiento a una identidad del ego se difumina en el momento presente.

En el presente se encuentran todas las preguntas y todas las respuestas. Aprendamos a observar el presente. A estar más atentos y más en coherencia con nosotros mismos.

Las creencias te llevan a los pensamientos, y estos a sentir emociones, que te llevan a las acciones, y así llegar a resultados.

HABLEMOS DE COHERENCIA Y PROYECCIÓN

La coherencia es cuando pensamos, decimos (te recuerdo que la palabra es el pensamiento en manifiesto) y hacemos algo que va junto a nuestro pensamiento. Si yo pienso una cosa y hago otra o digo otra, ya estoy en incoherencia. ¿Te ha pasado alguna vez? Miles, seguramente, y eso es lo que generalmente nos hace poner mal. Por lo tanto, tenemos que estar más atentos a nuestros pensamientos (tenemos alrededor de 70.000 diarios), y actuar en coherencia.

El gran secreto del éxito en la vida es la capacidad de poder controlar nuestros propios pensamientos.

La proyección es un mecanismo de mi mundo inconsciente. Una forma de conocer nuestra personalidad es examinar nuestras proyecciones, es decir, las valoraciones y los juicios que emitimos con respecto a las otras personas y a nosotros mismos.

Nosotros pasamos todo el tiempo mirando el reflejo de nuestro mundo material pensando que es nuestro presente, sin darnos cuenta de que lo que estamos observando es la materialización de nuestro pasado.

Tu presente es tu pasado materializado.

Como resultado de la proyección, percibimos nuestros rasgos inconscientes en la conducta de los demás (enojos, rabias, broncas, tristeza, alegrías) y tal vez esas personas ni siquiera tienen enojos, rabias, broncas, tristezas o alegrías y reaccionamos en consecuencia, viendo en ellos algo que forma parte de nosotros mismos, pero que no reconocemos como propio. Es porque lo llevamos dentro. Tal vez, en vez de juzgar a alguien tendríamos que ver qué estamos juzgando en esa persona y observarnos por dentro a ver en que nos juzgamos nosotros o tal vez qué queremos esconder de nosotros y se lo atribuímos a los demás. Más adelante te voy a hablar de la sombra…

Sabiendo todo esto y tomando conciencia de lo que nos ocurre, en mis sesiones a mis clientes les ofrezco recursos a través de los cuales pueden dejar de sentirse víctimas de lo que les sucede. Y hacer consciente lo que está en el inconsciente.

Por eso hay que agradecer a cada persona que nos encontramos en el camino, ya que puede hablarnos mucho de nosotros mismos. Nosotros somos responsables de identificar e integrar el aprendizaje que cada vivencia nos brinda.

Al llevar esto a la práctica nos damos cuenta de que detrás de cada situación hay una oportunidad de conocernos mejor, aprender y cambiar nuestro mundo inconsciente, nuestro mundo de creencias.

"Si no te gusta el mundo que ves, que sepas que no puedes cambiarlo, pero si cambias tu forma de ver el mundo cambiará tu universo".
(Albert Einstein)

¿QUÉ PASA CON LA BIOLOGÍA?

Tal vez te aburra un poco este tema, pero quiero que le prestes mucha atención porque te vas a dar cuenta de cómo reacciona nuestro cuerpo ante un estímulo externo.

Como todos sabemos, la biología estudia la estructura de los seres vivos y sus procesos vitales. Pero definir qué es la vida y cómo se originó sigue siendo un misterio. ¿Te has preguntado alguna vez de dónde venimos, cómo nos formamos…?

Nuestro mundo inconsciente tiene toda esa información muy bien guardada y a nuestra disposición. Lo que sabemos es que venimos de una energía superior, que para cada uno de nosotros puede tener un nombre diferente.

¿Sabías qué tu biología se puede modificar? Tus genes no te determinan y no sos víctima de tu herencia.

La epigenética es una disciplina que se dedica a estudiar los cambios heredables que no dependen de la secuencias del ADN. Ella nos muestra que los genes, no controlan nuestra biología y ni siquiera su propia actividad. Son las proteínas quienes, en función de las señales ambientales y nuestra percepción e interpretación de las mismas, gobiernan las funciones de las células, siempre teniendo en cuenta que todos venimos de la misma Fuente.

En un ambiente enfermo, nuestras células enferman. En el momento que cambiamos el ambiente o hacemos una modificación de la percepción de lo que sucede, se recuperan inmediatamente y comienzan a crecer y reproducirse con más fuerza.

La biología, se adapta a la información que hay en nuestro medio ambiente que se insertan por nuestros sentidos y a la interpretación que nosotros le damos. Recordemos que la mente consciente juzga y la inconsciente no juzga. Si el ambiente es tóxico, las células enferman y mueren.

Enferman como respuesta a un entorno que no es sano o la percepción que nuestras mentes hicieron de ese entorno.

Si nosotros enfermamos o manifestamos algún síntoma, es porque las células están enfermas y eso significa que nuestro funcionamiento celular no anda bien, es un indicador biológico. Esto nos avisa del verdadero problema, la presencia de amenazas, contenidos mentales insanos, que provocan una detención de nuestras funciones de crecimiento psicobiológico.

El que está en el medio de las señales ambientales y el comportamiento celular es el Sistema Nervioso. Él es el que decide qué mecanismos biológicos activar o desactivar. Según la decisión que tome, el organismo libera los bioquímicos apropiados que se comunican con las proteínas y les dicen cómo ordenar el movimiento celular.

El Sistema Nervioso decide, pero no interpreta. Recordemos que nuestras mentes interpretan y más nuestra mente inconsciente, donde están alojadas las creencias, nuestro mundo inconsciente. Y así se modifica nuestra percepción. El Sistema Nervioso decide si activa el mecanismo de protección o crecimiento, sólo puede decidir por esos dos mecanismos.

Si el entorno en el que estás, contiene amenazas, por ejemplo estrés, miedo, ansiedad, o depresión, activamos el modo de protección, el sistema nervioso simpático.

Una forma de darte cuenta que está en actividad es cuando tu saliva es espesa y blanquecina. Si estamos en permanente protección, el resultado es desequilibrio y enfermedad.

Si el entorno en el que estamos, es de seguridad y libre de amenazas, nuestro Sistema Nervioso activa el modo de crecimiento, también llamado sistema parasimpático. Una forma de darte cuenta que estás en crecimiento es cuando tu saliva es fluida, liviana y no es blanquecina.

Entonces concluímos que el origen de nuestra percepción, se halla en nuestro sistema de creencias en nuestro mundo inconsciente.

"Lo valioso del cuerpo es su capacidad de comunicación. Es un medio para transmitir información y compartir conciencia".
(Hawkins, D. R., 2006: 146)

Los pensamientos que luego se transforman en creencias están íntimamente ligados con nuestra biología, nuestra genética y nuestro comportamiento celular. Nuestra mente y nuestro cuerpo son una unidad psicosomática.

Cuando la creencia mental cambia, la percepción también cambia, cuando la percepción cambia, los pensamientos cambian y las respuestas neuroquímicas se transforman.

En definitiva, la mente le dice a nuestra biología lo que está pasando en el mundo y cómo debe cambiar para ajustarse a los eventos que enfrentamos.

"Lo que percibimos como realidad es un proceso que exige la participación de nuestra conciencia".

Te voy a hablar también un poquito de nuestro amigo ego, que forma parte de nuestra conciencia. El ego es la actividad mental del individualismo, él se cree que es único, que no existe nadie más que él, y su búsqueda de poder es el miedo.

Es la sensación de distanciamiento de la vida. Es la separación del entorno. Al igual que se transmite cualquier actividad mental, la sensación de separación del universo podría transmitirse a todas nuestras células, que entonces pueden creerse separadas, cambiar de identidad y actuar aisladamente. Y al creerse separadas y actuar aisladamente surgen las enfermedades y las distorsiones de pensamientos. Atendamos como a un bebé a nuestros pensamientos.

El ego se identifica principalmente con los procesos voluntarios, con aquellos sobre los que ejerce control. Pero el cuerpo es principalmente un colectivo celular que lleva a cabo una infinidad de procesos ajenos al control de la voluntad del individuo.

Esto significa que está conectado constantemente con el entorno y responde a las señales que recibe.

El cuerpo es un medio de comunicación gracias a su capacidad de captar las señales del entorno y responder a ellas, mostrando en todo momento su unidad con él. Nuestro organismo percibe esta comunicación en forma de sensaciones, a las que prestamos atención cuando alcanzan nuestro cerebro cognitivo.

Pero muchas veces no le prestamos atención. Cuántas veces nos golpeamos en el mismo lugar, cuántas veces hacemos lo mismo…

La mente las enjuicia en agradables o desagradables y las justifica a partir de experiencias previas y creencias inconscientes. En esta situación, la conciencia queda encerrada en un estado que dificulta el aprendizaje y el cambio.

Resumiendo: Sería algo así, nuestros sentidos reciben las señales ambientales y experimentamos algo en la vida. La mente realiza su interpretación de lo ocurrido en base a nuestro sistema de creencias. Tras esta interpretación subjetiva de la mente, el sistema nervioso decide si debe activar el modo de crecimiento o el modo de protección. Liberamos entonces los bioquímicos apropiados, que se desplazan por el torrente sanguíneo e inundan nuestro sistema. Estas moléculas se comunican con la célula a través de los receptores de la membrana, y las proteínas comienzan a ordenar las funciones de la vida. El ADN se reorganiza en tiempo real y ajusta la expresión genética para adaptarse al entorno celular.

Entoces:

- Los genes no controlan nuestra biología. Nuestro comportamiento celular y nuestras funciones orgánicas dependen de las señales ambientales y de nuestra percepción de esas señales ambientales.

- Si hay amenaza, nuestras células se enferman. En el momento en que cambiamos de entorno o modificamos la percepción de lo que sucede en el entorno, las células regresan a su estado original de crecimiento y salud.

- La percepción es el dominio de la mente, y la forma en que la mente percibe, depende de nuestras creencias, que son programas alojados en nuestro inconsciente.

- Los programas mentales, fijados a través de la repetición y la experiencia, pueden ser eliminados o reprogramados.

Ampliar nuestra conciencia implica disolver la división entre mente y cuerpo y descubrir la unidad que existe en todos sus procesos.

AHORA SÍ, VAMOS POR LAS CREENCIAS

Te venía anticipando que te iba a hablar sobre las creencias, pero creo que es importante hablarte antes de otros temas para que te quede más claro este. Las creencias engloban muchas terminologías que es bueno que entiendas: sombra, incertidumbre, empatía, conflictos, sanación, juzgamientos, victimización, culpa, lealtad, fidelidad, perfección, etcétera.

¿Alguna vez te has sentido estancado en tu proceso natural de desarrollo?

Son muchos los condicionamientos de nuestro mundo inconsciente que pueden estar interfiriendo en su consecución. Existen muchas formas de quedarse en un punto en el que nos sentimos sin salida. Podemos quedarnos sin capacidad de reacción, frustrarnos o buscar soluciones externas que nos hacen sentir bien por instantes, **soluciones a corto plazo que nos van a traer dolor a largo plazo. Eso grabátelo en tu inconsciente y grábalo en plena coherencia, así no se te olvida.**

En el momento en que nada de lo que hacemos nos es útil ni mejora nuestro estado interno, es posible que estemos ante una creencia, es decir, una limitación inconsciente que está interfiriendo en nuestro desarrollo natural.

Normalmente, no somos capaces de ver qué nos está ocurriendo y cuál es la razón de nuestro malestar. Tal y como dijo Albert Einstein:

La resolución de los conflictos bloqueantes es lo que nos permitirá en un futuro acompañar a otras personas a realizar el mismo proceso, es un desaprender constante, y así yo también puedo ayudar a mis clientes a desaprender esas creencias que están en su mundo inconsciente y que los bloquean. Para resolver los conflictos bloqueantes te tienen que doler y molestar lo suficiente para darte cuenta de que los tenés que cambiar, si no, vas a seguir estancado.

Sabemos que el ego es tan solo un pequeño fragmento dentro de la integridad de la mente y que, por esta razón, el control que puede ejercer sobre el mundo es mínimo. Pero es muy poderoso, como antes les había contado. El ego siempre tiene una buena razón para no soltar el control y seguir preocupándose por solucionar las cosas. Hasta una muerte quiere solucionar… ¿Te ha pasado que has tenido hechos traumáticos en tu vida y te has preguntado si eso tiene que solucionarse de alguna manera? Imagínate si hubieras chocado, ¿cómo vas a hacer para que el auto no tenga ningún raspón? De ninguna manera…

Nuestro diálogo interno, relacionado directamente con la mente cognitiva y con el ego, trata siempre de encontrar la solución a nuestros problemas. Porque la mente trata de protegernos siempre.

En el momento que decide por nosotros y toma el mando de la situación, nos convertimos en su juguete. Es entonces cuando perdemos la capacidad de improvisar y encontrar nuevos caminos para nuestros conflictos diarios. Y ahí es cuando estamos dentro de nuestro mundo inconsciente.

Tenemos que aprender a soltar, eso significa dejar de querer que las soluciones a nuestros conflictos sean de una forma determinada, de una forma que solo al ego se le puede ocurrir. Si pensamos así, de esta forma, las soluciones han de venir de un lugar concreto o a través de alguien a quien nosotros ponemos esas expectativas y a veces lo damos por hecho.

Lo que suele ocurrir en estos casos es que convertimos esas expectativas en frustración, y la frustración trae más frustración si dejamos al ego de lado podríamos entrar en el campo de las infinitas posibilidades y generaríamos otro tipo de soluciones más exitosas y entonces vemos que podemos generar más éxito.

Soltar, por lo tanto, significa dejar de tener expectativas y permitir que la solución aparezca de la forma más inesperada.

Resumiendo: Las creencias son una percepción de la realidad que nos impide crecer, desarrollarnos como personas o alcanzar todas esas cosas que nos hacen ilusión. Es algo que realmente no es cierto pero que como si lo es para nuestra mundo inconsciente y eso es lo que vale para nosotros, lo damos por bueno. Tenemos que aprender a detectar nuestras creencias y así poder cambiarlas.

Ya sabemos que las cambiamos por repetición de hábitos y con alto impacto emocional.

"Los problemas no se pueden solucionar en el mismo nivel de conciencia en el que fueron creados".

¿CÓMO TE LLEVÁS CON TU SOMBRA?

¿Sabés qué es tu sombra? Jung define el arquetipo (son como patrones de conducta que se heredan de generación en generación y que están guardados en nuestro inconsciente) sombra como el aspecto inconsciente de la personalidad caracterizado por rasgos y actitudes que el Yo Consciente no reconoce como propios.

El inconsciente lucha por mostrarse, pero es reprimido continuamente por el ego. Recordemos que nuestro mundo inconsciente tiene guardada toda la información desde antes de nacer. Información de tus abuelos, bisabuelos, padres, tíos, vecinos, etc.

¿Sabías que los complejos más grandes y las creencias más grandes se estructuran en nuestra mente a edades muy tempranas?

En esas fases de nuestra vida experimentamos el mundo prácticamente sin filtros neurológicos; sentimos y vivimos mucho el estado emocional de nuestro entorno, el de nuestra madre en relación con el entorno, con aquellos que pasamos más tiempo o con aquellos que representan nuestros arquetipos materno y paterno. Desde pequeños empezamos a generar pensamientos que si son repetitivos y tienen alto impacto emocional, luego se transforman en creencias y, en ese proceso, elegimos posicionarnos a favor de una identidad determinada.

Es importante tener presente que esa elección fue la mejor opción que teníamos en esos primeros años de vida y que prácticamente todas esas decisiones las hemos tomado de forma inconsciente.

Desde que estamos en la panza de nuestra mamá hasta los tres años aproximadamente somos 100 % inconscientes, vamos adquiriendo un poquito de consciencia a partir de esa edad, y nos damos cuenta porque, por ejemplo, ya nos dan ganas de ir al baño solos, sin que nuestra mamá nos lleve.

¿Pero saben lo que pasa? Es que nuestro ego o identidad se va construyendo a través de esta sucesión de posicionamientos y, al final, constituyen lo que somos. Puede que no nos guste una parte de nuestra personalidad, pero lo que hemos de comprender es que esa forma de ser responde a un sentido de adaptación respecto a un ambiente concreto (ya te expliqué lo del medio ambiente anteriormente).

Por eso, cuando pedimos a alguien que deje de ser como es, le estamos pidiendo que vuelva de algún modo a esa fase de su vida, a su niñez, y cambie el posicionamiento o la elección que tomó por otra distinta. Y eso significa tomar una decisión muy importante que para nuestra mente que nos quiere proteger, va a tratar de evitar que la hagamos. Son creencias que tenemos arraigadas en nuestro mundo inconsciente desde pequeños. Tiene que cambiar creencias que tiene arraigadas desde pequeño.

Este es un terreno muy sensible, puesto que ese conjunto de posicionamientos que establecemos desde tan pequeños resultan ser los cimientos de nuestra personalidad en la edad adulta. Seguro que te preguntás si se puede hacer, y yo te digo que sí. Podemos cambiar nuestras creencias.

El estado de incertidumbre siempre genera inseguridad y miedo, sobre todo cuando estamos tratando con el niño interior de cada persona, por lo que, si no creamos un entorno de seguridad y confianza, el cambio no será posible. Todos tenemos nuestro niño interior, ese niño interior generalmente está herido, por las percepciones dentro del ambiente emocional en el que ha vivido. Nos damos cuenta que estamos en nuestro niño interior, cuando actuamos en la queja, en el enojo, en el capricho... como actúa un niño...

Lo que tenemos que lograr es deshacer esas estructuras neuronales que han generado la base de un complejo, lo que significará para esa persona volver a entrar en el estado emocional en el que se situaba cuando las creó por primera vez.

Cuando un niño vive un estrés emocional que supera su umbral de tolerancia, generará automáticamente estructuras neuronales que le servirán como defensas psicológicas para disociarse del cuerpo el dolor de la emoción y en su parte congnitiva para evitar sufrir. Por lo tanto, a mayor cantidad de estrés emocional, mayor cantidad de cognición y de desconexión con nuestro cuerpo y nuestra biología.

Uno de mis mentores siempre dice que uno tolera hasta donde puede tolerar.

Sabiendo lo anterior podemos deducir que, cuando estamos ante una persona con una tendencia neurótica muy importante, podemos leer entre líneas que la carga emocional de sus primeros años de vida ha sido muy significativa.

Tenemos que ser valientes y acceder a esos momentos personales de dolor, así tendremos la capacidad desde nuestra conciencia actual y adulta de generar nuevas formas de pensamiento y renovar nuestro sistema de creencias; un nuevo sistema de creencias que podrá ayudarnos en un futuro a construir nuevas realidades para nosotros. ¿Lo podés creer? En mis sesiones lo podemos hacer.

Mientras esas creencias permanezcan allí, escondidas en lo más profundo de nuestro inconsciente, seguirán dominando nuestras vidas y, como decía Jung, lo llamaremos destino.

Dar espacio a lo que pueda ocurrir, crear un entorno de seguridad y confiar en el cambio, son elementos fundamentales para trascender nuestros conflictos bloqueantes.

¿SABÉS LO QUE ES LA INCERTIDUMBRE?

Cuando queremos cambiar y salimos de nuestro estado habitual, entramos en un campo desconocido de experiencias que pueden llevarnos a reestructurar nuestra vida y redefinir nuestras relaciones más importantes. Y te recuerdo que lo único que quiere la mente es protegerte, y tal vez te juegue una mala pasada en el momento de querer cambiar esas creencias. La mente te va a querer boicotear. Te vas a querer escapar o siempre, siempre, siempre vas a buscar una excusa para huir.

Cuando tomamos acción y decidimos cambiar, entonces accedemos a otras realidades, comenzamos a descubrir partes de nuestra identidad que hasta ahora desconocíamos: cualidades, valores, creencias e incluso aspectos desagradables que hasta entonces no éramos capaces de ver en nosotros. Aceptar el cambio supone salir de cualquier comodidad y entrar, por un tiempo, en un estado de incertidumbre. No sabemos qué nos va a ocurrir, pero todo cambio siempre es bueno, porque si lo que veníamos haciendo o viendo nos producía dolor, qué mejor entonces que entrar en este estado de incertidumbre.

En esta fase experimentamos muchos instantes de dudas y miedos, ya que no sabemos qué efectos tendrá en nuestras vidas este proceso de cambio que estamos llevando a cabo. No podemos controlar qué pasará con nosotros una vez que emprendemos este camino, pero sí sabemos que hay cosas que no volverán a ser como antes.

Y aquí entra en juego nuestra mente, que nos va a querer proteger…estemos atentos a ella.

Para hacer esto, debemos establecer un equilibrio entre nuestra mente consciente (analítica y razonadora), hemisferio izquierdo de nuestro cerebro y nuestra mente creativa (imaginativa y creadora), hemisferio derecho de nuestro cerebro.

Se trata de no esperar nada concreto, abrirse a nuevas posibilidades y estar atentos a lo que está ocurriendo desde una posición neutral, es decir, sin una implicación emocional excesiva.

Esta es la posición del observador, la que permite ir caminando de forma consciente y aprendiendo de cada suceso que experimentamos. Cuando las neuronas se conectan entre sí, acostumbran a recorrer el mismo camino siempre, estableciendo la misma forma de pensamiento. Para instaurar nuevas conexiones, debemos romper de alguna forma este camino tantas veces recorrido y abrirnos a nuevas formas de conciencia. Según estudios realizados, cambiar una creencia nos lleva entre 20 y 30 días. Durante este tiempo, podemos tener muchas resistencias, las cuales nos van a llevar a querer volver hacer lo mismo de antes, pero con hábitos diarios las podemos cambiar.

**Deshazte del apego
abrazando la incertidumbre.
TRISKELATE**

CUIDADO CON LA EMPATÍA

Cuando nos identificamos con alguien, esa identificación es algo que suele suceder por un exceso de empatía hacia personas que están sufriendo por algún motivo a nuestro alrededor. Nos ponemos en su lugar y hacemos de su problema nuestro propio conflicto.

En mis consultas, yo siempre les digo a mis clientes que tengan cuidado con la empatía, porque lo que tienen que hacer es ponerse en el lugar del otro, y lo hacen tan bien que es como si se salieran de su cuerpo y entraran en el cuerpo del otro. Y al entrar en el cuerpo del otro empezamos a sentir, pensar y expresar lo que siente el otro, y eso actúa en nuestra biología.

Y eso te comento que es muy peligroso, porque empezamos a sentir cosas que no son nuestras y pensamos cosas que no nos están ocurriendo, pero como nuestro inconsciente es inocente se las cree todas. Al rato nos empezamos a sentir mal y no sabemos por qué. Nuestro mundo inconsciente se tomó como propio el problema de la otra persona.

Es fundamental encontrar el equilibrio entre la empatía y el punto en el que comenzamos a sufrir con el otro.

Utilizando una analogía muy simple, es como si nos cayéramos de un barco en altamar y le pusiéramos el salvavidas al otro antes que a uno mismo, en caso de que nadie nos pudiera salvar.

Sería como si, para ayudar a salir a alguien de un pozo, nos metiéramos dentro y quedáramos atrapados juntos. Muchas veces pensamos que, para que el otro salga de su estado, es importante entrar en su situación emocional, pero el riesgo de perder nuestro propio equilibrio haciéndolo es muy grande.

Lo que tenemos que hacer es empatizar y poner una barrera transparente delante de esa persona, escucharla, ayudarla si pide ayuda y de la forma que ella quiera, pero no ponernos en su lugar.

Está ampliamente demostrado que la empatía es una cualidad positiva pero que, en exceso, puede incluso volverse perjudicial para nuestra salud. La sobrecarga emocional que conlleva este tipo de situaciones puede llevarnos a generar una dependencia para con esas personas. Y también que nosotros caigamos en la dependencia de ellas.

Entrar en este proceso de identificación es, en muchos casos, inútil, ya que por mucho que nos preocupemos no podremos hacer nada hasta que sea la otra persona quien decida salir de ahí. Como siempre, esto no significa pasar a la polaridad contraria y dejar de escuchar o empatizar con los demás. Simplemente se trata de no perder nuestro equilibrio y permanecer en un estado lo suficientemente centrado para, desde ahí, poder acompañar a los demás en caso de ser necesario.

La trascendencia de este conflicto está en observar qué estamos proyectando nosotros en la otra persona, esa es la clave, tal vez tenemos que ver qué necesidades estamos trasladando, de las cuales no nos estamos haciendo cargo por nosotros mismos. Debemos permitirnos reflexionar acerca de qué ocurre si nos disponemos a saber cuidar de nosotros y no nos hacemos cargo de su problema.

Tu percepción, es siempre una interpretación.

CONFLICTOS, ¿YO?

Para que lo sepas y te quede grabado, la solución a nuestros conflictos siempre está en nuestro interior, en nuestro mundo inconsciente, aunque no lo creas, pero esto no significa que no podamos aprender de los demás en nuestro proceso de crecimiento y transformación.

Todo lo contrario, en este mundo dual, en el que estamos todos separados y nada tiene que ver con nada, necesitamos de los demás para conocernos a nosotros mismos. Muchas personas llegan a un punto en sus vidas en el que no confían en nadie más que en ellos mismos, dejando así de aprender y evolucionar.

Un sabio sabe que nunca deja de aprender. En el momento en que dejamos de valorar o admirar a alguien, nos quedamos estancados en nuestro proceso de desarrollo.

Si pensamos en cómo aprenden los niños durante sus primeros años de vida, nos daremos cuenta de cómo están atentos a todo lo que ocurre a su alrededor y cómo, a través de la conexión emocional con sus cuidadores, aprenden a pasos agigantados. Te propongo que por tres días observes cómo imitan los niños a los adultos. Hacélo, no te vas arrepentir y vas a tomar consciencia de muchas cosas.

El funcionamiento no debería ser muy distinto cuando somos adultos, pero en muchas ocasiones el hecho de conectar a ese nivel con alguien que nos pueda servir de referente en nuestra edad adulta puede parecer un símbolo de debilidad o de poca madurez. Tenemos que ser críticos de nosotros mismos y saber qué es lo que nos hace y nos viene bien.

Las relaciones entre mentores y alumnos forman parte de nuestro inconsciente colectivo y es algo que se ha ido perdiendo con el tiempo, al igual que otras muchas costumbres milenarias. Cuando el alumno está preparado aparece el maestro, y también podemos decir que somos todos maestros y que no nos vemos ni los reconocemos.

Para que evolucionemos en el mundo adulto necesitamos de diferentes referentes en diferentes momentos que nos enseñen cuáles son los siguientes pasos que dar y que nos recuerden quiénes realmente somos. Y así poder liberarnos de esas creencias que tenemos en nuestro mundo inconsciente.

Para trascender este conflicto bloqueante podemos comenzar a pensar que confiar en los demás no es símbolo de debilidad, sino de fuerza. Que nos ayuda a salir adelante.

Podemos tomar conciencia de cuáles han sido nuestros pensamientos antes de conectar con el mundo y cómo estos han podido influir en la experiencia posterior. Podemos reflexionar acerca del papel de nuestra madre como referente, de los referentes que tenía ella, y cómo todo esto nos ha podido influir. Pero, como te he mencionado anteriormente, te tiene que doler o molestar lo suficiente para poder hacerlo.

También es de enorme importancia observar cómo veía mi madre al padre, si me permitió y concedió el derecho de verlo como un referente para que me acompañara al mundo adulto, a la sociedad. O si mi mamá hizo que viera al padre que ella quería ver.

O si, por el contrario, creía que era inadecuado e insuficiente para ejercer esa labor. Podemos pensar también qué papel ha desempeñado nuestro padre en este contexto y si estaba presente en nosotros durante nuestra maduración como niño/a. Mostrar las debilidades a los demás, a su vez, puede ser un símbolo de poder, además de una buena forma de saber quién está a nuestro lado aceptando todo lo que somos y no solo una parte de nosotros.

Todo conflicto comienza en uno mismo.

¿POR QUÉ NECESITAMOS EXPONERLES NUESTROS PROBLEMAS O CONFLICTOS A LOS DEMÁS?

¿Qué es lo que verdaderamente busca cuando expone su problema a alguien? ¿Su problema realmente necesita una solución o solo busca sentirse escuchado? ¿Necesita que le demos nuestra opinión o simplemente desahogarse? ¿Está buscando la aprobación que quizás no le dio su madre para que tomara una decisión o está buscando convencernos de algo en concreto para sentirse válido/a? ¿Realmente lo que dice es lo importante o es lo que subyace tras sus palabras?

Es posible que tenga la necesidad de atención explicando su problema o tal vez necesite que alguien le preste atención durante un tiempo para compensar su propia soledad.

En mis consultas también ocurre en muchas ocasiones que el cliente me transfiere su responsabilidad a mí. Puede estar esperando el permiso del acompañante para dar algún paso que no se atreve a dar por sí mismo y de esa forma quitarse la responsabilidad de esa decisión, de tomar acción, acción masiva imparable.

El problema viene cuando esperamos ser ayudados sin mostrar realmente cuál es nuestro problema, o se lo mostramos a personas que no saben cómo gestionarlo. Y ahí empezamos a juzgar, recordando que nuestro mundo inconsciente se lo cree todo.

No hay dos, sino una unidad que se complementa. Siempre estoy frente a mí mismo.

¿POR QUÉ JUZGAMOS?

Este es un conflicto que nos bloquea y suelen presentarlo personas que constantemente están juzgando y opinando sobre los demás, lo que no se dan cuenta que como para nuestro mundo inconsciente, todos somos uno, se está juzgando así mismo. Proyectan externamente su sombra y no hacen ningún acto de reflexión acerca de qué parte de responsabilidad tienen ellos en un conflicto.

A veces juzgamos o proyectamos nuestros juicios sobre las personas más cercanas o sobre personalidades de nuestro entorno, como políticos, padres, hermanos, vecinos, empleados. En otro capítulo te voy a ampliar el contenido de la sombra, es muy importante identificarla.

El hecho de juzgar a los demás como costumbre impide el proceso de trascendencia e integración de las polaridades, ya que siempre vemos al otro como culpable de la situación y como único responsable del cambio. Y así, no nos responsabilizamos por lo que nos ocurre.

Normalmente, su entorno no se atreve a decirle lo que realmente piensa de él y esto contribuye a su aislamiento y malestar.

Y te recuerdo algo… el inconsciente no juzga, no critica, no analiza, y para él somos todos uno. Y también te recuerdo que ocupa casi el 100 % de nuestra mente, por lo tanto, si juzgamos, ¿a quién estamos juzgando?

A veces estamos juzgando, por ejemplo, a personas que se van de vacaciones en vez de cambiarse el auto, y, en realidad, los que nos queremos ir de vacaciones somos nosotros y estamos endeudados con la cuota del auto.

Observemos y prestemos atención antes de juzgar, veamos qué nos quiere decir la situación y hacia dónde nos quiere llevar, recordemos que cada situación que vivimos es una oportunidad para aprender y llegar a ese estado de espiritualidad, de paz, de tranquilidad, que tanto anhelamos.

Juzgamos tanto, criticamos tanto y empatizamos tanto que, a veces, nos llegamos a enfermar sin saber por qué.

Sólo te juzgas a ti mismo y sólo te perdonas a tí mismo.

¿POR QUÉ A VECES NO SANAMOS?

¿Te ha pasado alguna vez que decís "quiero estar enfermo", "me quiero enfermar para dormir más o para quedarme en casa sin hacer nada"?

Este conflicto hace referencia a una persona que evita los cambios que podrían llevar a su sanación, ya que la enfermedad le proporciona un estado de confort o satisfacción que es inexistente cuando está sano. Hay una resistencia interna que se opone al deseo consciente de curarse.

"Las neuronas espejo son las responsables de los grandes cambios en la humanidad porque permiten modelar a otros. Cuando podemos ponernos en la piel de otro nos conectamos con la capacidad de aprender".
(Stephen Gilligan)

Uno de los beneficios más lógicos que podríamos pensar que aporta la enfermedad es el de quedar exentos de obligaciones, tanto familiares como profesionales. Sin embargo, igual de habituales e importantes son los beneficios derivados de recibir el cuidado, el tiempo y la dedicación de los demás. La dedicación que tal vez no tuvo, repetitivas veces nuestro niño interior y que ahora a través de la enfermedad, la está buscando.

Si una persona que tiene una enfermedad grave va a un grupo donde todos padecen la misma enfermedad, se origina un bloqueo que proporciona beneficios al cliente, que puede expresarlo con frases como: *"ahora me prestan atención"*, *"si me curo la Obra Social me retira la paga"* o *"siempre puedo hablar de mis enfermedades". Esos "beneficios", no son muy buenos porque refuerza su enfermedad y reafirma su creencia limitante.*

La mente la está protegiendo, no la deja sanar, no se da cuenta de que su propia mente la ha enfermado por todo, lo hemos visto en capítulos anteriores. Y eso la hace ser víctima para obtener atención…

Como nos dice Sigmund Freud al respecto:

"Quien quiere curar al enfermo tropieza, para su sorpresa, con una gran resistencia que le enseña que el enfermo no tiene la intención de renunciar a su enfermedad, por más formal y serio que parezca su propósito".

¿SOS VÍCTIMA?

¿Alguna vez te has quejado de algo? ¿Alguna vez has dicho "nadie me ayuda", pero no sos capaz de pedir ayuda? Te voy a decir algo, sos una víctima.

¿Sos de esas personas que esperan que los demás cambien y viven una vida de sumisión? Existen muchas ventajas en la posición de víctima, por ejemplo, la comodidad de atribuir los problemas a factores externos, los demás siempre tienen la culpa pero, yo no hago nada para solucionar nada, la pasividad al momento de reaccionar frente a un problema. Está muy relacionado con el concepto de culpabilidad.

Es importante hacer una diferenciación entre sufrir por un problema que nos sucede, yo puedo sufrir porque me duele un golpe pero, voy al médico y me da un medicamento para que se me pase el dolor, o sentirse víctimas del mismo y quejarme todo el día pero, no hago nada para que se me pase el dolor. Eso me hace experimentar tristeza y rabia. Es natural experimentar tristeza o rabia, son dos emociones básicas, biológicas y necesarias.

Como vemos, la diferencia radica en la respuesta y en la interpretación. Para darte un ejemplo. Una persona acaba de enterarse de que su pareja le ha sido infiel. Evidentemente, siente impotencia, rabia, frustración y otra infinidad de emociones o sentimientos desagradables. Es en este momento donde surge la decisión de desde dónde enfocarlo.

La opción del victimismo implica sentirse un sujeto pasivo que, fruto de la mala fortuna, está viviendo una situación inútil y lamentable. En este caso, no hay acción ni aprendizaje posible, tan solo soportar de la mejor manera posible el sufrimiento.

En ocasiones, incluso, la única acción que puede llegar a elaborar la persona es algún tipo de venganza contra aquello que considera origen de su sufrimiento, en este ejemplo, su pareja. De este modo, ya sea física, verbal o socialmente, trata de causar un sufrimiento equiparable en la otra persona, de forma activa o de forma pasiva (dejar de hablar con el rostro afligido y decir *"no pasa nada"* es otra forma de venganza pasiva). Tal vez esa persona guarda en su mundo inconsciente un recuerdo de su madre haciendo lo mismo o de algún antepasado…

Un tipo de reacción no victimista sería hacerse cargo de lo que ha sucedido, ver qué responsabilidad tienen cada una de las partes, ver dónde me posiciono, qué puede aprender de ello y qué refleja de sí mismo la situación. Esto no significa no sufrir; se respetará ese sufrimiento y se tomará como lógico, pero desde esta posición es mucho más sencillo poder gestionar las emociones, ya que nos hacemos cargo de ellas. Y no dejamos que se repita esta situación o si fue así, la historia de nuestros antepasados.

Lo importante es que, se tome la decisión que se tome, sea una situación constructiva y enriquecedora por dolorosa que resulte, y eso se consigue dejando de sentirnos víctimas de las distintas situaciones que nos suceden y hacernos cargo de las mismas.

Por lo tanto, la trascendencia de este condicionamiento bloqueante, de esas creencias limitantes está en no esperar que los demás cambien para poder ser felices y empezar a reflexionar qué actitudes estamos proyectando que no somos capaces de asumir como propias. Hay que tomar acción, movimiento y decisiones coherentes para dejar el victimismo atrás. Actuar con coherencia…

Si no cambias la actitud del victimismo, todas las personas que habías atraído para que te compadezcan algún día se van a cansar, vas a terminar solo y te vas a sentir muy culpable de todo lo que te está ocurriendo. Igualmente, la culpabilidad es una ilusión de nuestra mente, son pensamientos negativos, alimentados de otros pensamientos negativos y así crece y crece la culpa.

La víctima y el acusador son la misma persona.

LA CULPA

Como recién te mencionaba, la culpa es un elemento complementario al victimismo. Que se alimenta de pensamientos negativos, que te hacen ver cada vez peor lo que te sucede.

Este caso también implica una tendencia a pensar que lo que nos sucede viene de fuera, que son los factores externos los que nos hacen sentir de una manera determinada, y nuevamente no nos hacemos responsables de nada y cuando lo que sentimos no nos gusta, señalamos a algo o a alguien como responsables de nuestra sensación.

Es importante darse cuenta de que, al culpar al otro, nos liberamos de nuestra responsabilidad. Esto puede ser un gran beneficio que ancle a una persona a este tipo de condicionamiento. En el momento nos sentimos liberados. Sin embargo, nos olvidamos de que al renunciar a la propia responsabilidad otorgamos el poder a los demás y nos convertimos en víctimas.

"Culpar tiene un coste: la pérdida de nuestra libertad. Además, el papel de víctima, como ya hemos visto, trae consigo una autopercepción de debilidad, vulnerabilidad e indefensión, que son los componentes principales de la apatía y la depresión".
(Hawkins, D. R., 2014: 79)

Existe otro punto dentro de la culpabilidad, se trata del placer prohibido. Nos referimos a todo aquello que creemos no merecer. Es característico de aquellas personas a las que, cuando se les brinda reconocimiento, afirman con energía que no se lo merecen, se autosabotean y no se permiten disfrutar. Esta actitud representa una desvalorización profunda que los lleva a buscar el reconocimiento en el sufrimiento. Y, tal vez, para que te reconozcan hacés cosas que no querés hacer o viceversa.

"Dejar ir enseña que hay que dejar de proyectar la culpa en los demás. Tomamos conciencia de que todas nuestras proyecciones al final se vuelven contra nosotros y, si las liberamos, nos liberamos. Este es el gran secreto para hallar la felicidad aquí en la Tierra".

¿ALGUNA VEZ HAS QUERIDO HACER ALGO Y NO TE LO HAS PERMITIDO?

Ya sabemos que todos tenemos creencias que se nos formaron desde hace mucho tiempo y otras incluso antes de nacer, y te voy a decir algo más, todas las creencias son limitantes.

Por ejemplo, si creemos que apenas empiece el otoño nos vamos a enfermar, todos los otoños nos enfermamos.

Desde que nacemos, empezamos a formar un sistema de creencias, adquirido de nuestro entorno familiar y cultural, que va configurando nuestra personalidad y otras heredadas. De esta forma, esa personalidad estructurada durante nuestros primeros años de vida ejerce una gran influencia en nuestra vida de adultos, llevándonos a repetir unos patrones, por mucho que no estemos en el mismo entorno en el que nos criamos.

Este tipo de creencias nos bloquean, nos impiden cambiar y progresar. Suelen ser la causa de la falta de motivación, de ánimo y de fracaso. El fracaso lleva al fracaso, y el éxito al éxito, mientras más fracasos tengamos, menos éxito vamos a tener.

Sin embargo, debemos tener cuidado con usar cualquier creencia de una forma inflexible, incluso aquellas que en un principio son potenciadoras. Si creemos que *"en la vida podemos conseguir cualquier cosa que nos propongamos"*, eso puede suponernos un estrés en el caso de no conseguir algo en concreto. Tenemos que estar atentos a las señales que nos brinda nuestro cuerpo acerca de esta creencia, por ejemplo si nos sentimos con presión en el pecho o molestias en las zonas donde se mueven las emociones, (entre la zona de la garganta y el bajo vientre). Si nos sentimos mal al pensar que vamos a conseguir todo lo que nos propongamos, nuestro inconsciente, como es inocente y no juzga, lo toma como que es malo.

Las expectativas también pueden limitarnos y condicionarnos. Por eso, lo importante es comprender que es el uso que hacemos de las creencias lo que les da el matiz de limitantes o potenciadoras.

La trascendencia empieza por el agradecimiento hacia nuestras creencias limitantes. Hay que preguntarle qué nos quiere mostrar, qué nos quiere hacer aprender. Puede que, en una primera instancia, las juzguemos como negativas, pero gracias a ellas hemos aprendido a sobrevivir. A veces he pensado que no nos han aportado nada beneficioso, sin embargo, han servido para cumplir el objetivo biológico primordial, que es mantenernos con vida. Convertirnos en adultos emocionales también supone comprender y observar las creencias que nos definen sin juicio.

Este es el primer paso para transformarlas si así lo deseamos. Renunciar a nuestras creencias permite que ocurra aquello que ni tan siquiera hemos podido imaginar. Formamos creencias al compararnos con los demás y queremos llegar a ser como ellos y los vemos como perfectos…

"Tanto como si crees que puedes hacerlo como si no, tienes razón.
Henry Ford

Y CÓMO ANDAMOS CON LA PERFECCIÓN...

¿Sos inflexible, inflexible en tus argumentos? Las personas perfeccionistas suelen ser rígidas en su forma de pensar, muy autocríticas, sometidas a una gran disciplina e incansables en la consecución de objetivos.

La perfección corresponde a personas que confunden la valía de una persona por lo que hacen.

Suelen hablar en términos de "tengo que" o "debo que" y, evidentemente, a través de su proyección suelen exigir ese mismo patrón en los demás.

Viven bajo una gran presión que les produce un gran sufrimiento. Nunca están satisfechos con sus logros; siempre creen que lo pueden hacer mejor, puesto que lo relacionan con una falta de valor personal.

Esa falta de valor que se esconde bajo el perfeccionismo: la falta de confianza y seguridad en uno mismo. Es el fruto de una profunda desvalorización.

La trascendencia de este conflicto bloqueante empieza por reconocer que nuestras experiencias se producen en el momento perfecto y todas ellas tienen una intención positiva para nosotros. La intención positiva, la encontramos detrás de la creencia, es como si la corriéramos, la dejaramos de lado y ahí la vemos con claridad. La aceptación es el principal camino para dejar de juzgarnos.

Desde la perspectiva de la Conciencia de Unidad, no existen errores, sino situaciones para aprender y evolucionar; todas las personas involucradas en una situación determinada están desempeñando el papel que les corresponde. Si no, miremos en una familia, cada uno tiene el rol que le corresponde y sino está cumpliendo el rol que le corresponde, está influenciado por una creencia…

**"Si con todo lo que tienes no eres feliz, con todo lo que te falta tampoco lo serás".
(Erich Fromm)**

¿QUÉ ES LA LEALTAD Y FIDELIDAD FAMILIAR?

Una lealtad familiar es algo que te bloquea y te impide tomar tus propias decisiones, está en lo más profundo de tu mundo inconsciente. Es como si tomar el camino deseado significase traicionar a la familia. Si mi papá era abogado, yo tengo que seguir abogacía, si no, no soy leal a él.

Todos tenemos lealtades familiares, muy escondidas o disfrazadas.

La fidelidad o lealtad es un sentimiento de solidaridad y compromiso. El ente familiar está por encima del ente de cada uno de los individuos que lo conforman.

Dentro del contexto de esta red estructurada se exige que cada persona cumpla con las expectativas y obligaciones del grupo. La lealtad puede entenderse como la expectativa de adhesión a ciertas reglas y la amenaza de expulsión si se transgreden. Sino pertenecemos más al grupo corremos peligro de no pertenecer más a esa familia, nuestra mente nos protege permanentemente.

Somos leales al clan para ser aceptados por él. Es una ley de supervivencia ancestral: si no somos leales o somos diferentes provocamos rechazo del clan y nos quedamos solos. Si hablamos biológicamente, la persona abandonada es presa fácil para el depredador, y corre mucho peligro, activamos el modo de protección, el sistema nervioso simpático.

Como hemos visto hasta ahora, en nuestro mundo inconsciente existe un inconsciente colectivo y también existe un inconsciente familiar con todos esos aprendizajes de nuestros ancestros que les permitieron sobrevivir.

Es imprescindible que haya una continuidad en la vida psíquica de las siguientes generaciones. Si no fuera así, cada bebé que nace debería empezar de cero y así no habría manera de evolucionar. Cada uno de nosotros va a heredar, pues, la información de las experiencias de sus ancestros.

Esa información no se puede perder, ya que adquiere un papel imprescindible en nuestra adaptación al mundo.

La estructura familiar, al igual que nuestro organismo, tiene un estado de equilibrio interno. El clan mantiene sus códigos y sus normas implícitas tanto tiempo como le es posible. Esta propiedad le permite permanecer en un estado estable a través del tiempo.

Por eso, un cambio individual supone un desequilibrio en el sistema que obliga al sistema a volverse a equilibrar. En cierto nivel, supone un estrés para la familia. Es por ello que el sistema familiar va a reaccionar, en principio, de forma contraria a cualquier cambio en dicha homeostasis, en su sistema de creencias interno.

Por ejemplo, ¿has decidido estudiar alguna carrera que tu padre o tu madre no pudieron estudiar o, por el contrario, has escogido una profesión que ya escogieron tu bisabuelo, tu abuelo y/o tu padre?

¿Atraes siempre al mismo tipo de parejas, por ejemplo, autoritarias, como también lo fueron tu abuelo y tu padre? ¿Qué porcentaje de lo que eres hoy es una repetición de los códigos familiares?

Hay lealtades invisibles muy duras. Dentro de este tipo de bloqueo, la parentalización es un factor muy importante. Hablamos de parentalización cuando un hijo asume el rol de padre y/o madre de sus padres. Esta lealtad invisible puede llevar a estas personas a no encontrar pareja o a no casarse, quedándose atrapadas en la obligación de cuidar de sus padres hasta su muerte.

Hay una parte de estas lealtades familiares que tiene que ver con las cadenas de retribuciones desplazadas. Por ejemplo, nos podemos encontrar con una madre que, angustiada al sentirse rechazada por su propia madre, busca su compensación ofreciendo una devoción total (polaridad contraria) a una hija suya. A esta hija, según el registro de méritos, se le pide restablecer la justicia familiar, dando a la madre lo que su propia madre no le dio. La hija puede sentirse en deuda con la madre, renuncia a vivir su vida y se convierte en la madre de su madre.

Nosotros tenemos que cumplir con nuestra función para con el sistema familiar y permitir que el sistema evolucione. Sino cumplimos con nuestra función el sistema se desestabiliza, es como si le cortáramos una pata a una silla.

Debemos agradecer todo lo que nos ha enseñado nuestro clan. Somos lo que somos gracias al esfuerzo de nuestros padres y nuestra familia, pero debemos renunciar a aquello que no nos es válido para nuestro proceso personal, por mucho que para ellos lo fuera. Hay que ser coherente y leal a nuestros propios códigos y, a su vez, respetuoso con los que nuestra familia eligió para adaptarse. Esta es una decisión que ellos han tomado y no nos incumbe. Debemos superarlos, pero no desde la competición, sino desde el amor hacia nuestra familia.

Como nos dice Sigmund Freud:

"No es lícito entonces suponer que ninguna generación es capaz de ocultar a la que sigue sus procesos anímicos de mayor sustantividad".
Freud, S., 1913: 160

PEQUEÑO RESUMEN

El entorno cercano, formado por la familia y la sociedad en la que nos formamos, va a influir profundamente en lo que vamos a ser como personas adultas.

Podemos observar cómo el miedo a soltar, por ejemplo, es un conflicto bloqueante que se estructura ya desde bien pequeños en una relación de confianza-desconfianza con el mundo exterior. El recién nacido se halla inmerso en una totalidad inconsciente vive en su mundo inconsciente, cuando está en el vientre de la madre y en sus primeros años de vida, a partir de la cual desarrollará su confianza en función de su sensación de bienestar físico (adecuadamente alimentado y atendido) y psíquico (acogido y amado).

La armonía entre las necesidades internas y la capacidad del entorno en proporcionarlas permitirán, a su vez, encontrar un equilibrio entre el grado de confianza en uno mismo y en el entorno. Un desequilibrio en cualquier dirección, tanto en el sentido de abandono como en el de sobreprotección, supondrá a su vez un desequilibrio en nuestra confianza con respecto al mundo.

Así, cuando las necesidades internas no encuentran solución, se establece una desconfianza básica que podemos polarizar hacia uno mismo, lo que nos hace dependientes del entorno o hacia el entorno y, por ende, crea la necesidad de mantener el control.

Lo mismo ocurre con todos los demás conflictos bloqueantes. Podemos observar que en los distintos condicionamientos bloqueantes se manifiesta la polaridad básica confianza-desconfianza.

Probablemente alguno de los condicionamientos bloqueantes habrá resonado con tu historia personal. El primer paso para superar una creencia limitante es reconocerla. Este tipo de creencias han sido necesarias para protegernos de un estrés emocional que superaba nuestros límites de tolerancia y que no sabíamos gestionar; tienen un propósito y una Intención Positiva. Para cualquier persona es normal sentir miedo cuando se plantea deshacerse de estas creencias, ya que supone volver a revivir, aunque sea por unos instantes, el dolor que se experimentó en un origen.

PARTE 2
¿Cómo nos comunicamos?

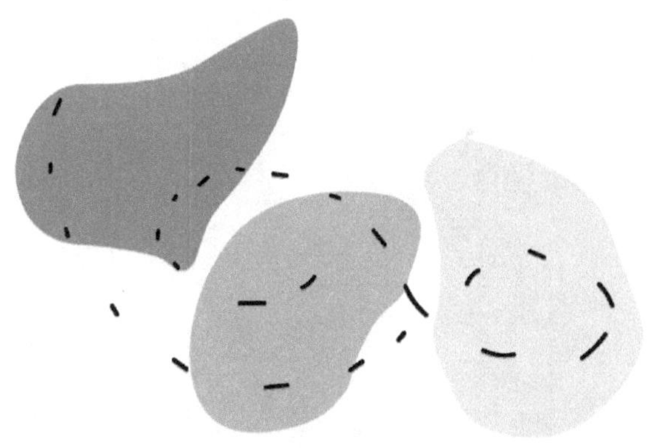

¿NOS COMUNICAMOS..., CÓMO COMUNICAMOS?

Este capítulo va a ser muy extenso, pero muy productivo. Quiero que le prestes mucha atención y que veas cómo actuamos constantemente.

Como todos sabemos, nos podemos comunicar en forma verbal y no verbal, con gestos o expresiones. Pero, según estudios, se dice que nos comunicamos la mayor parte del tiempo con el lenguaje no verbal.

Todo comportamiento es comunicación, lo cual significa que cada acción que hagamos tiene un significado para nosotros y para los demás. Y si nos quedamos callados, es un "no comunicar".

Con la Programación Neurolingüística (PNL) podremos aprender mucho sobre la comunicación y cómo aplicarla coherentemente en nuestras relaciones. Ahora te voy a mostrar de qué se trata, cuáles son sus orígenes y cómo podemos aplicarla a nuestro lenguaje cotidiano.

En mis sesiones yo utilizo mucho la PNL, ya que es muy importante observar y prestar atención a cómo se expresan mis clientes.

La PNL actualmente trabaja con la interacción entre tres mentes:

- La mente cognitiva que emerge del cerebro.

- La mente somática centrada en el cuerpo.

- La mente campo que emerge de nuestras relaciones con otros sistemas alrededor de nosotros.

Te explico en qué consiste la PNL. Puede definirse como una disciplina que estudia la estructura de la experiencia subjetiva humana con el fin de detectar y reproducir patrones de excelencia y, a su vez, identificar patrones no eficaces para poder substituirlos. Pero, ¿a qué nos referimos exactamente con el estudio de la experiencia subjetiva humana? Esto tal vez te parezca aburrido, pero es bueno que lo sepas.

Estructura: El estudio de la estructura significa ocuparse de la forma en la que la información está organizada, en lugar de trabajar con la misma información, es decir, se atiende más al cómo dice lo que dice o hace lo que hace, que al qué.

Experiencia: Se trabaja siempre con vivencias reales de personas concretas. Las vivencias pueden ser recordadas, presentes o imaginadas en relación al futuro, pero se trata siempre de algo que la persona puede reconocer como propio.

Subjetiva: Interesa conocer cómo es la experiencia de una persona determinada según su mapa mental, nos vamos a mover siempre en el plano de la experiencia subjetiva de ambas personas.

Otra forma de describir la PNL viene dada por la referencia a las tres palabras que conforman su nombre:

Programacion: Hace referencia a que los seres humanos aprendemos formas de hacer y actuar que nos sirven para manejar adecuadamente nuestras vidas. Estos aprendizajes se sitúan en un nivel inconsciente y nos permiten funcionar de manera efectiva, sin necesidad de estar continuamente analizando las situaciones que vivimos y tomando decisiones sobre la mejor forma de manejarlas. En muchas ocasiones, esta programación está tan profundamente establecida en la persona que forma una parte fundamental de su identidad.

Neurología: Los aprendizajes antes mencionados se encarnan en nuestro sistema nervioso. Yo siempre les digo a mis consultantes que se graban como un tatuaje, que es el depositario del conjunto de señales que activan el funcionamiento de uno u otro programa. A su vez, es el encargado de enviar a los diferentes órganos sensoriales y motores las instrucciones pertinentes según su percepción.

Lingüística: Nuestro conocimiento sobre el mundo se organiza internamente con la ayuda del lenguaje. Sabemos lo que sabemos porque le podemos dar un nombre y describirlo. Al mismo tiempo, el lenguaje es el que nos sirve para compartir estos aprendizajes con otros seres humanos mediante la comunicación…

"La experiencia no es lo que le sucede al hombre, sino lo que el hombre hace con lo que le sucede".
(Aldous Huxley)

LA COMUNICACIÓN EN MIS SESIONES
(cómo deberíamos comunicarnos todos)

Cuando llega un cliente a la sesión lo primero que hacemos es comunicarnos.

Tenemos diferentes habilidades para la comunicación, el tono de voz, el ritmo respiratorio, la coloración de la piel y, según nuestra percepción, interpretamos según nuestro mapa mental o sobre mi mundo inconsciente, lo que le puede estar ocurriendo al otro.

Cuando tenemos trato continuado con una persona o durante una conversación, podemos ir identificando señales no verbales que se corresponden a diferentes estados internos de la persona.

De algún modo, es como si pudiéramos realizar una fotografía de cada estado y tenerla disponible más adelante. Estos son algunos ejemplos de signos externos observables de la comunicación no verbal de las personas:

- Postura del cuerpo.

- Inclinación y movimientos de la cabeza.

- Rapidez o lentitud de movimientos.

Uso la calibración que es el proceso de detectar los cambios sutiles que se producen en la microconducta de las personas con las que nos relacionamos.

Esta es una herramienta clave dentro del proceso de percepción de elementos inconscientes que condicionan el comportamiento y la comunicación de una persona. En mis consultas, cuando una persona quiere evadir un tema o quiere irse, por ejemplo, se sienta al borde del sillón, o cuando está mintiendo se toca el pelo, o cuando va a mentir se toca la nariz en forma reiterada. Su mundo inconsciente le está hablando y no se dá cuenta.

Por lo tanto, yo le presto mucha atención a:

- Movimientos y gestos con las manos y dedos.
- Ritmo y tipo de respiración (alta, media o baja).
- Movimientos de la nariz.
- Coloración de la piel y expresiones faciales.
- Parpadeo y movimiento de los ojos.
- Velocidad al hablar y pausas.
- Cambios de tono y variación de la intensidad de la voz.

Es muy bueno saber calibrar, ya que con la calibración puedo detectar alguna información que mi cliente me está ocultado para protegerse. Durante una sesión de acompañamiento, la calibración me permite identificar los cambios en la microconducta para conocer de forma más precisa las variaciones en el estado emocional de la persona que estoy atendiendo y utilizarlo para comprender cómo vive la situación.

La calibración es una guía sutil, pero muy precisa para saber si vamos por el camino correcto que nos permitirá identificar los programas de su mundo inconscientes.

También utilizo el *rapport*, es una palabra inglesa cuyo significado equivale a "compenetración" o "sintonía". Estar en *rapport* o sintonía significa moverse a un ritmo y una velocidad similares, hablar con un volumen, tono y velocidad parecidos a mis clientes, escuchar atentamente y con un interés genuino.

El *rapport* es una condición imprescindible para que pueda darse el proceso de comunicación interpersonal.

El *rapport* se produce de manera espontánea en multitud de situaciones, allí donde la comunicación interpersonal fluye de manera natural.

La sintonía transmite un mensaje implícito: tú y yo somos iguales. Es una forma de acercarse a la otra persona mostrando una parte del propio mapa que se parece al de la otra persona.

Por ello, es muy importante conocer cómo se genera la sintonía y qué necesitamos tener en cuenta para hacerlo, de modo que sea posible propiciarla cuando no suceda espontáneamente.

Saber la manera de favorecer la aparición de sintonía nos será de especial utilidad en situaciones de tensión o discrepancia con otra persona. Cuanto más complicada sea la situación, más útil será para mí la capacidad de establecer el *rapport*.

En este sentido, acompasar o acompañar es la actividad que abre directamente la puerta a la sintonía; *significa* captar algunos elementos de la forma de estar y de comunicarse de la otra persona y tratar de acomodarnos a ella.

Por ejemplo, si la otra persona está sentada con las manos sobre las piernas, yo busco la manera de sentarme parecido a ella; si gesticula poco, yo reduzco mi gestualidad; si habla más fuerte que yo, procuro subir un poco el volumen de mi voz, y así sucesivamente.

Si nuestra atención está focalizada en transmitir un mensaje que signifique "*en este momento, para mí lo más importante es estar aquí contigo*", las acciones congruentes surgen con facilidad.

La sintonía bien construida hace posible ejercer un liderazgo basado en la capacidad de influir. Cuando una persona siente que su modelo de mundo es respetado, puede aceptar más fácilmente sugerencias y propuestas de otra persona.

La sintonía o *rapport* nos permite liderar la relación con la persona durante un acompañamiento o sesión.

Es fundamental tener presente que la comunicación va más allá del lenguaje. Influimos en el otro por lo que decimos, pero también por nuestro estado. Es primordial desarrollar un estado óptimo de coherencia para evitar proyectar en el otro los conflictos y las limitaciones que nos son propias.

El lenguaje se desarrolla en la mente, afecta al cuerpo y da forma al mundo. Las percepciones dan forma al lenguaje, por ello, el lenguaje, el pensamiento y la realidad son inseparables.

Somos afectados en cada momento por el lenguaje y por los significados inconscientes que le otorgamos. Todas las palabras resuenan en nuestra mente y en nuestro cuerpo. Tanto las palabras que vienen del exterior como nuestro diálogo interno tienen un efecto en nuestro estado anímico.

A pesar de que el lenguaje es solo un 7 % de nuestro mensaje, necesitamos tener muy en cuenta el poder de la palabra. Lo que decimos y cómo lo decimos (las palabras y la forma en que son pronunciadas) puede generar amor o desesperación. Las palabras son declaraciones.

"*El hombre es solamente el producto de sus pensamientos; lo que piensa es en lo que se convierte*".
(Gandhi)

En mis sesiones estoy muy atenta a cómo se expresa mi consultante, sus palabras me dan mucha información, y también sus gestos, que aportan la información que las palabras no dan. Puedo comprender cómo organiza sus vivencias y creencias o pensamientos, cómo organiza sus experiencias y qué creencias o pensamientos le han llevado a estar en esa situación.

Hay tres procesos o mecanismos universales que las personas usan para crear su mapa de la realidad o modelo del mundo a nivel individual:

- **Eliminación**: El foco de atención se concentra en algunos fragmentos de la realidad y el resto no es percibido. Por ejemplo, vamos a una charla y estamos tan pendientes de las ideas que presenta el ponente que no recordamos su indumentaria o el color de su remera, las características del lugar o de qué color es el asiento donde nos hemos sentado.

- **Generalización:** Se produce cuando, a partir de una experiencia concreta, asumimos que siempre va a ocurrir lo mismo. La generalización nos permite tener un patrón de experiencias a las que es interesante acercarse y otras que es mejor evitar.

- **Distorsión**: Ocurre cuando procesamos la información y le atribuimos un significado que no se puede verificar, poniendo en relación dos o más experiencias que no tienen nada en común y a las que nosotros damos un significado.

El proceso universal de eliminación, generalización y distorsión nos permite conectar nuestra experiencia interior con la realidad.

Te hago un resumen. Si usamos bien esta recopilación de información sobre el lenguaje:

- Encontraremos la información perdida en el proceso de derivación desde la estructura profunda a la de superficie.

- Identificaremos las eliminaciones, distorsiones y/o generalizaciones que la persona realiza al utilizar el lenguaje.

- Conectaremos de nuevo a la persona con su experiencia primaria o estructura de referencia.

- Descubriremos y evidenciaremos las limitaciones creadas por la persona al construir su mapa o modelo de la realidad.

En un proceso de indagación, la comunicación y el lenguaje serán las herramientas fundamentales a través de las cuales podremos identificar la historia detrás de la historia.

Lo que yo hago es tener mi mente limpia, sin juicios. Para no perdernos en el laberinto de la mente de una persona tenemos que mantener nuestra mente libre de cualquier juicio y de cualquier suposición, lo que nos permitirá descubrir la objetividad. Concentrarnos en nuestra mente consciente y dejar de lado nuestra mundo inconsciente.

COMUNICACIÓN EFECTIVA

La comunicación efectiva se fundamenta en todo lo que has venido leyendo y te estoy explicando.

Tiene en cuenta las habilidades de agudeza sensorial y calibración.

Utiliza la información recogida mediante estas habilidades para acompasar algunos aspectos de la propia comunicación con los de la otra persona. El resultado de acompasar adecuadamente es la sintonía, que facilita la comunicación efectiva.

Hay una serie de distorsiones que se presentan con más frecuencia en la comunicación. Reconocer las que protagonizamos más habitualmente es una buena manera de empezar a mejorar nuestra comunicación, modelando los comportamientos que nos van a permitir comunicar de una forma más efectiva.

Todas estas distorsiones se pueden presentar en cualquier fase o momento de la comunicación y siempre están relacionadas con la proyección de la propia experiencia subjetiva, es decir, nuestras proyecciones inconscientes.

Puede que no estemos utilizando las palabras, pero nuestro cuerpo es el primero en transmitir nuestros pensamientos, y la persona puede percibir, a través de nuestro lenguaje corporal, que algo de lo que nos cuenta no nos está gustando.

Nuestro peor problema de comunicación es que no escuchamos para entender, sino que escuchamos para contestar.

COMUNICACIÓN NO EFECTIVA

La congruencia es un estado de unión entre la mente y el cuerpo. Se produce cuando todas las creencias internas de la persona, sus estrategias y su conducta están totalmente de acuerdo y orientadas hacia la consecución del objetivo deseado.

¿Si querés ir al gimnasio y no vas, están en incoherencia?

Identificamos esa sensación interna cuando lo que estamos haciendo o pensando tiene una buena dosis de veracidad, equilibrio, coherencia y sinceridad. Es lo que necesitamos para impulsarnos hacia cualquier objetivo o proyecto.

Los valores, principios, creencias, hábitos y sueños… todo en orden con un objetivo en común. Esto es coherencia.

Una persona carismática destaca cuando vemos que es fiel a su palabra.

Su coherencia se hace notar cuando no se contradice ni se justifica, sino simplemente obtiene resultados. Sus acciones reflejan lo que dice y su ejemplo va de la mano con su estilo de vida.

Lo contrario es la **incoherencia**, un estado de división interior, de indiferencia y pasividad. Lo podemos identificar con expresiones del tipo "quiero... pero...", se justifica siempre. Se produce cuando las conductas, los pensamientos, las creencias o las acciones de una persona se contradicen entre sí, están en conflicto.

La incoherencia es una lucha interna entre diferentes partes que están en constante conflicto. Esto causa bajo rendimiento en el trabajo, en las relaciones personales, y como resultado tenemos efectos nocivos para la salud. No hay energía ni dirección para lograr el objetivo deseado.

Para mí, y creo que para ustedes que están leyendo esto, es muy interesante poder manejar esta información, leerla y releerla. Es importante conocer cómo se estructura esta información y cómo se expresa en el lenguaje verbal y no verbal.

El comportamiento de cada persona tiene una influencia sobre su entorno, las creencias y el lenguaje generan un efecto sobre el cuerpo y las acciones de las personas están guiadas por su propio modelo del mundo.

Para mí, en mi crecimiento personal y profesional, es muy importante e indispensable conocer la PNL como disciplina que permite identificar información de mi mundo inconsciente. En primer lugar, para mí misma y para reconocer el propio sistema, ya que nadie puede acompañar a otra persona a un lugar al que nunca ha ido.

Y, en segundo lugar, para proporcionar un marco idóneo al consultante que facilite la toma de conciencia. El *rapport* o la calibración, por ejemplo, son recursos que propician y favorecen un acompañamiento de calidad. Siempre nos vamos a estar encontrando con nuestra sombra o nuestro espejo, pero al saberlos gestionar es mucho más fácil la consulta. Los clientes ocultan muchas cosas inconscientemente, pero gracias a observar la sombra podremos detectar algunas de ellas.

SOMBRAS

Te pensarás que te voy a contar de las sombras que damos nosotros cuando caminamos o la sombra de un auto, una casa, pero no.

Te voy a contar de nuestra sombra, me refiero a un sistema psíquico autónomo que delimita lo que es el Yo y lo que no lo es.

Se trata, a nivel individual, de los aspectos negativos de la personalidad, la suma de todas aquellas cualidades desagradables que desearíamos ocultar y las funciones insuficientemente desarrolladas, y, a nivel colectivo, abarca desde el conjunto de valores morales y sociales hasta la sombra familiar, incluyendo la propia sombra de nuestros padres. Algunas sabemos que las tenemos y otras no las podemos detectar, por eso es tan bueno relacionarnos con diferentes personas que nos muestren lo que nosotros no vemos.

La sombra no constituye la totalidad de nuestra personalidad inconsciente, sino que tan solo representa aquellos atributos o cualidades desconocidas o poco conocidas que pertenecen, en su mayoría, a la esfera personal, pero que también podrían ser conscientes.

En algunos casos la sombra también contiene factores colectivos procedentes del exterior de la vida personal del individuo.

Desde que somos pequeños, diferenciamos aquello que "debemos hacer" de aquello que "no debemos hacer" y vamos conformando nuestra personalidad en torno a estas premisas.

La forma en que se realizan estos aprendizajes no siempre es explícita, sino que, en ocasiones, se produce de forma muy sutil. Podemos sentir que, cuando sacamos cierto tema de conversación, nuestro padre calla y mira en otra dirección, con lo cual podemos inferir que ese tema no es adecuado hablarlo.

Este aprendizaje nos llevará a integrar un comportamiento concreto, por ejemplo, que es mejor no hablar de temas propios cuando estamos ante otro hombre o quizás ante la familia, y, de este modo, pasamos a la sombra al personaje comunicativo que es capaz de abrirse ante otros hombres o ante la familia. Y como para nuestro mundo inconsciente todos somos uno , cualquier hombre similar o que haga gestos parecidos a nuestro padre, ya es peligroso.

Poco a poco, vamos "encontrando" una personalidad que nos hace especiales y nos diferencia de los demás, lo que es fundamental para la correcta conformación del ego dentro de un contexto familiar y social. El problema viene cuando entramos en un desequilibrio en la relación persona-sombra, y esto puede manifestarse por exceso o por defecto. La sombra nos controla nuestras vidas…

Nos enojamos con los demás porque hacen aquello que nosotros no nos atrevemos a hacer.

LA SOMBRA Y EL CONTROL DE NUESTRAS VIDAS

Si la sombra toma el control de nuestras vidas seremos incapaces de gestionar nuestros impulsos dentro de un contexto social y familiar y únicamente funcionaremos de modo inconsciente, perdiendo el control de nuestras vidas o sintiéndonos apartados del mundo.

Por el contrario, puede ocurrir que la persona se trague a la sombra, en el sentido de que existan tantas restricciones y tantas pautas que desconectemos de nuestros impulsos y nos sintamos vacíos y sin energía. Es habitual que muchos de nuestros rasgos infantiles, como la alegría, la confianza, la inocencia, hayan desaparecido repentinamente sin saber en qué punto ocurrió ni cómo nos puede estar afectando esto en nuestra edad adulta.

Esto puede ocurrir también en una misma persona, es decir, que durante el día tenga un comportamiento ejemplar y por la noche lo compense siendo violento con los miembros de su familia.

La mejor solución siempre será equilibrar los comportamientos y darles espacio a nuestros impulsos para poder gestionarlos de forma controlada y comprender qué nos quieren decir.

Conectar con la sombra supone conectar con situaciones de un alto contenido emocional, supone volver a situaciones que el niño experimentó como dolorosas, momentos en los cuales tomamos decisiones acerca del mundo que, en ese momento, nos sirvieron para adaptarnos a nuestro ambiente, pero que, desde la perspectiva del adulto, han quedado sin uso, viejas...

ENCUENTRO CON LA SOMBRA

Durante nuestra vida, desde pequeños, vamos creando diferentes trajes o disfraces, como antes te he contado. Pero tenemos resistencia, tenemos resistencia a quitarnos ese traje, o puede ser el temor a qué puede ocurrir en el equilibrio de nuestro entorno social y familiar en el momento en el que decidimos ampliar nuestra conciencia y desarrollar partes de nosotros que estaban inactivas...

Así, la sombra permanece conectada con las profundidades olvidadas del alma, con la vida y la vitalidad; ahí puede establecerse contacto con lo superior, lo creativo y lo universalmente humano. Y ahí puede observarse y ver que todo lo que creó era una mentira de su mente, fueron sus percepciones acerca de lo que observó su mente consciente y, como su mente inconsciente no juzga, lo toma, ni como bueno, ni como malo, simplemente lo toma.

¿TE MOLESTAN LOS DEMÁS O EL MUNDO?

¿Qué te molesta de los demás o del mundo? ¿Qué no toleras bajo ningún concepto? ¿Quién o quiénes son responsables de algo negativo que ocurre en el mundo? ¿Qué no soportas de algún compañero de trabajo o de algún amigo? ¿Qué grupo de personas aborreces o te dan miedo? ¿Quién es tu ídolo y qué le gusta a él? ¿Qué valoras de alguien cercano a ti?

¿Dónde podemos identificar la sombra?

Existen diferentes formas de identificar la sombra. A continuación, desarrollaremos seis maneras diferentes y eficaces para observarnos a nosotros mismos y aprender algo sobre nuestra sombra:

1. **Observar nuestras proyecciones**. Analizar nuestras proyecciones es la forma más rápida de conectar con nuestra sombra. Podemos fijarnos no solo en aquellos aspectos que nos molestan de los demás, sino también en aquello que nos atrae del otro. Cuando una persona acepta a los demás y es capaz de comprender e integrar rasgos ajenos, como podrían ser la agresividad, la ternura o la sensualidad, está expandiendo su propio Yo.

2. **Detrás de aquello que nos avergüenza.** Piensa en aquello que no te gustaría que supiesen de ti, aquello que tapas de tu vida actual o quizás de tu pasado, todo lo que no te permites compartir con tu pareja o tus amigos. Piensa también en aquellos aspectos de tu personalidad que te avergüenzan, incluso de tu aspecto físico, y que te esfuerzas por tapar de alguna manera. Todo esto forma parte de tu sombra y, el hecho de taparlo, lejos de solucionarlo, simplemente aplaza el problema o incluso lo hace más grande.

3. **Nuestras adicciones**. Nuestras adicciones también esconden parte de nuestra sombra. La adicción se caracteriza por la repetición compulsiva de una actividad pese a su carácter autodestructivo e incluso poco adaptativo para nuestro desarrollo y convivencia social. La adicción no tiene por qué tener sustancias químicas de por medio, puede ir desde hacer cinco horas de deporte diarias hasta conectarse a las redes sociales constantemente. La adicción nos aporta estados físicos y mentales que son importantes para nosotros y que no hemos aprendido a generarlos de otra forma. Además, lo conseguimos de forma rápida y sin gran esfuerzo, se trata de una compensación rápida, un camino fácil para llegar a un estado que, en el fondo, está compensando algo que no está siendo gestionado.

4. **Detrás de los síntomas físicos**, el cuerpo está completamente conectado con el inconsciente y refleja nuestros estados emocionales de diferentes formas. Es importante pararse a reflexionar acerca de qué mensaje me está

transmitiendo mi estado físico y qué dice mi cuerpo de mí.

5. **Durante la mediana edad**. En esta fase la sombra se puede presentar de muchas maneras, en forma de síntoma físico, de estado depresivo o de una sensación de desidia que nos inunda. Se trata de una fase en la que debemos replantearnos el compromiso que hemos adquirido con nosotros mismos para decidir qué partes de nosotros queremos empezar a desarrollar.

6. **En nuestros sueños.** Los sueños suelen actuar como un puente entre el consciente y el inconsciente. Muchos de los cambios que necesitamos experimentar podemos percibirlos en los sueños mucho antes que en la vida exterior, el deseo o la tendencia siempre precederá a la acción. Son impulsos de nuestro inconsciente que debemos aprender a mirar y comprender. El sueño se desarrolla con una gran cantidad de contenidos simbólicos y, en un principio, puede ser muy complicado de interpretar. Prestar atención a nuestros sueños, tanto agradables como estresantes, puede servir como pista para conocer aquello que queremos hacer o desarrollar de nosotros mismos, los sueños son una ventana al inconsciente de gran utilidad. ¿Y cómo hacemos con toda esta información?

"No es preciso ir a su encuentro porque es ella la que nos encuentra a nosotros".
(Zweig, C., 1999: 52).

¿CÓMO MANEJAMOS LA SOMBRA?

Una vez que tomamos conciencia de estos aspectos que tenemos ocultos en la sombra, podemos trabajar con ellos y usarlos para nuestro crecimiento como individuos. Sin embargo, para poder comenzar este proceso necesitamos tener en cuenta algunas condiciones o premisas básicas en el trabajo con nuestra sombra. A continuación, te defino algunas de las principales:

Dejar de culpar a los demás. Una forma de ser conscientes de nuestra sombra es observar nuestra forma de relacionarnos con el entorno. Responsabilizarte de tus estados emocionales es el primer paso para poder integrar aquellas partes de tu Ser que has ido rechazando a lo largo de tu vida.

Asumir nuestra responsabilidad. Se trata de desarrollar una mentalidad holística integral. Partir de una mente que comprende que las causas de los efectos que se manifiestan en la vida externa están en su interior, y que él o ella es responsable de las decisiones que toma, las que provocarán estos efectos tangibles. Significa pensar que todo lo que ocurre tiene una razón de ser, un para qué.

Es un camino para ir paso a paso. La paciencia y la confianza son indispensables en nuestro trabajo con la sombra, ya que, conforme más necesitemos ver la solución, más necesidad experimentaremos. Para poder ver con claridad cada uno de los pasos es necesario permanecer en un estado de centro, en una posición que nos permita disociarnos del ego y observar desde la distancia. Cada toma de conciencia llega cuando estamos preparados, ni antes ni después.

Exige renunciar a nuestros ideales de perfección. La sombra no forma parte de la imagen que tenemos de nosotros mismos. El hecho de afrontar y reapropiarnos de esos atributos constituye un proceso difícil y doloroso porque, aunque la sombra puede contener algunos elementos positivos, normalmente encierra los aspectos más abyectos, primitivos, inadaptados y violentos de nuestra naturaleza que hemos terminado rechazando por motivos morales, estéticos, sociales o culturales.

Exige aprender a vivir en la incertidumbre. Cuando comenzamos a profundizar en nuestra sombra, podemos encontrarnos con situaciones y momentos de angustia que ni tan siquiera imaginábamos que pudieran formar parte de nosotros. Estas situaciones percibidas como dificultades son la antesala de un tesoro que se halla escondido en las profundidades del inconsciente. Para ampliar nuestra conciencia es imprescindible deshacernos de toda expectativa previa, ya que esas expectativas siempre provienen de la mente consciente, y lo único que hace nuestra mente consciente es protegernos de lo desconocido.

Desde que somos niños vamos así, impregnándonos de toda la información no expresada de la historia familiar (rencores, odios, tabúes, secretos...), aunque nunca se haya hecho la menor mención explícita de ella (ya te he contado del lenguaje no verbal).

Gracias al trabajo con la sombra, las heridas inconscientes de la familia pueden mostrarnos el camino hacia el equilibrio. En lugar de considerarlas, desde la visión del ego, como simples heridas que despiertan nuestra amargura y deseos de venganza, nos podrían permitir evolucionar nuestra conciencia. El miembro del grupo familiar que comienza a tomar conciencia de esta información puede actuar así de iniciador del proceso de desarrollo hacia una mayor conciencia familiar.

LA SOMBRA QUE SE NOS APARECE EN TODOS LADOS

La sombra de nuestros padres: Algunos de los sentimientos más poderosos de nuestra sombra se manifiestan en la relación que sostenemos con nuestros padres. Así, por ejemplo, si en el seno de la familia nos habituamos a ocupar un determinado estatus, tendremos la tendencia inconsciente de aspirar a ocupar ese mismo nivel en el entorno social en el que nos hallemos inmersos (amigos, trabajo, pareja, etcétera).

La sombra en la relación madre – hija: Cuando la madre se aleja de sus propios sueños y ambiciones, si siente remordimientos por ese alejamiento o se considera una fracasada, puede desarrollar un interés inconsciente por vivir esa vida perdida a través de la vida de su hija. La hija, a su vez, puede verse atrapada por esa necesidad de la madre. Entonces, puede llegar a odiarla inconscientemente y desarrollar conductas autodestructivas, como comer compulsivamente o no comer, o bien, por el contrario, acceder a los deseos de la madre y sacrificar su propia esencia, convirtiéndose en una hija obediente.

La sombra en la relación madre – hijo: El hombre que se encuentre sometido a la influencia del lado oscuro de este aspecto de la "madre devoradora" puede estar caracterizado por una incapacidad para comprometerse con aspectos sociales convencionales, como un trabajo o una relación amorosa. Este niño es castrado y privado de la posibilidad de diferenciarse de la madre. Este tipo de persona puede permanecer en un estado de ingenuidad infantil, incapaz de aceptar los límites de la vida humana o caer bajo el control de las drogas y el alcohol tratando de vivir en un estado continuo alterado de conciencia. Es el joven eterno que no quiere o que no puede crecer.

La sombra en la relación padre – hijo: Un modelo interesante referente a la identificación que puede darse entre el hijo varón y el padre. Este modelo se basa en la identificación inconsciente del niño con su padre y, por tanto, de las cualidades masculinas en perjuicio de las cualidades femeninas y de la identificación con la madre, que quedan confinadas en la sombra. En el caso del hijo del padre se trataría de chicos (cualidades masculinas).

El padre tendría cualidades positivas, puesto que simboliza al viejo sabio y honrado; pero también aspectos negativos, puesto que simboliza al rey anciano, ultraconservador, rígido y castrador, reacio al cambio de ideas de generaciones nuevas.

El padre los arranca del lado de la madre (relega la feminidad a la sombra) y se los come, incorporándolos pues a su estructura (el hijo incorpora la máscara y la sombra del padre) e impidiendo que se desarrollen como adultos independientes (castración del hijo).

La sombra en la relación padre – hija: Es posible que la hija también se identifique de forma excesiva con la figura de su padre y del mundo masculino que representa, en perjuicio de su madre y todas aquellas características de la polaridad femenina. La visión idealizada del padre puede llevar a la hija a identificarse con él y a infravalorar a la madre y las cualidades femeninas, como la vulnerabilidad o la dependencia, que quedan así relegadas a su sombra, rechazando su feminidad.

La sombra entre hermanos: Hay hermanos que crecen en direcciones opuestas, luchando entre sí, y que, al llegar a la edad adulta, parecen ser cada uno el portador de la sombra del otro: cada uno de los hermanos constituye el espejo del otro. Por ejemplo, uno muestra dotes artísticas mientras el otro desarrolla aptitudes atléticas. Esto puede llegar a crear envidia y dar lugar a un rechazo mutuo o bien a la idealización del otro y al rechazo de uno mismo. También puede ocurrir que los hermanos permanezcan opuestos cuando, de hecho, en un nivel más profundo, son complementarios, uno divino y otro diabólico.

La sombra y la sociedad: La sociedad también ejerce una influencia importante en el desarrollo de nuestra psique. Esta, como un ente propio que se conforma por la unión de diferentes personas, tiene su propia máscara y, por lo tanto, su propia sombra. El colectivo toma decisiones importantes que influyen en el individuo, interfieren en su proceso personal y, por lo tanto, en la forma de moldear su personalidad.

La sombra y la pareja: Esta transformación, como ya hemos visto, se produce gracias a la **identificación proyectiva**, que es un mecanismo mental que consiste en proyectar en la pareja aquellos aspectos negados y rechazados de nosotros mismos y percibirlos como si procedieran de otro.

La sombra y el enemigo: El proceso de transformación de un conflicto interno en un conflicto con otra persona se produce a través del mecanismo de proyección. Por ello, la creación de este enemigo es fundamental en nuestro proceso de desarrollo. Un enemigo encarna todo aquello que, si somos capaces de integrar, podremos utilizar para transformarnos y evolucionar.

Cuántas sombras te he nombrado y cuántas no. ¿Te animás vos a encontrar otros tipos de sombra? Por ejemplo: La sombra y la política, La sombra y la sexualidad, La sombra y el trabajo…

LA INTEGRACIÓN ENTRE LO MASCULINO Y FEMENINO

Nuestra misión es que integremos estas dos polaridades para ser seres completos.

La polaridad masculina está relacionada con la acción, con el movimiento, con el hecho de penetrar, con la exploración del mundo y con ir a por lo que se quiere. También está relacionada con la lógica, con la mente.

La polaridad femenina se relaciona con la entrega, la receptividad, la ternura, la intuición y la fecundidad. El cuerpo frente al espíritu.

El proceso de integrar las dos polaridades se conoce como matrimonio interior, que significa unir y equilibrar estos dos polos dentro de uno mismo para completarse. Un símbolo que lo representa a la perfección es el Yin y el Yang, uno de los conceptos más conocidos del taoísmo. En otras culturas podemos apreciar este mismo principio; por ejemplo, el hinduismo nos explica cómo de un abrazo amoroso entre Shiva (conciencia) y Shakti (energía) nació el universo.

Para comprender qué aspectos necesito desarrollar, lo que debo observar es qué aspectos de lo masculino y qué aspectos de lo femenino siento que he desarrollado y qué aspectos juzgo en los demás.

Hay que poner especial atención a las relaciones de pareja y, más atrás en el tiempo, a la relación con mis padres. Es en los primeros años de vida donde yo decidiré en la mayoría de las situaciones de forma inconsciente qué tipo de hombre o mujer quiero ser y cómo quiero relacionarme con las parejas cuando sea adulto/a.

Las cualidades básicas de lo femenino tienen relación con la cercanía a la tierra y su implicación con las cosas vivas, la necesidad de proximidad, de unión con el otro. Lo Femenino recibe, permite, absorbe, disuelve y gesta, une, conecta.

Las cualidades masculinas son el aspecto que se enfoca exteriormente, son acción, lograr cosas, proyectos, crean la individualidad, nos separan de la totalidad para ponernos de pie solos y ser individuos específicos. Es hacer realidad los sueños, llevarlos a cabo, es protección y, en ciertos sentidos, dominación, autoridad, jefe, patrón, profesor, leyes, institución, justicia.

PARTE 3
Creas lo que crees

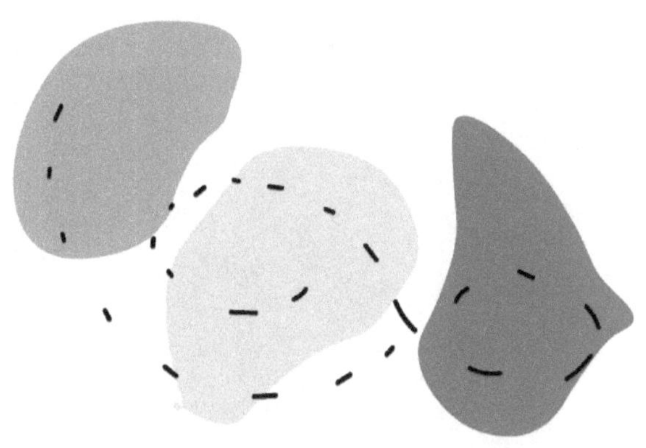

AMPLIAMOS MÁS CREENCIAS

Como ya hemos visto, las creencias forman parte de nuestra estructura mental. Te voy a dar ejemplos con el fin de identificarlas en nuestras vidas y poder comenzar a replantearnos las más conocidas y más extendidas en nuestro inconsciente colectivo. **No se basan en un sistema de ideas lógico. Su función** *no es coincidir con la realidad.*

Como ya hemos podido observar en temas anteriores, la realidad va mucho más allá de una interpretación subjetiva y parcial del mundo.

Cada realidad puede ser percibida desde infinidad de prismas, por lo que lo que consideramos "verdad" puede ser totalmente "falso" para otra persona, incluso para uno mismo años más tarde.

Las creencias surgen de la mente consciente, de nuestro hemisferio izquierdo, el hemisferio lógico. Este es el que colapsa, de las infinitas posibilidades que nos brinda el universo. Estas formas de pensamiento crean una identidad separada del mundo que vemos y nos permiten experimentar la individualidad dentro de un universo que percibimos separado, pero que no lo está realmente.

Las creencias se adaptan a nuestras necesidades y reflejan de forma precisa la realidad que vivimos. **Las creencias son como raíces aprendidas desde momentos muy tempranos. Fueron introproyectadas en nuestra infancia.**

La personalidad estructurada en los primeros años de vida ejerce una influencia muy importante en nuestra vida de adultos. Esto se puede observar en nuestras relaciones de pareja, en nuestro trabajo e incluso en la gestión de nuestras amistades.

Si observamos nuestro entorno familiar y repasamos nuestros primeros años de vida comprenderemos muchos de los comportamientos que llevamos a cabo en nuestra vida de adultos. Es un excelente ejercicio, sentarse con nuestros padres, para que nos cuenten cómo vivieron nuestro embarazo y los primeros años de nuestras vidas.

Cuando somos niños, necesitamos adaptarnos de alguna forma a un sistema familiar para asegurar nuestra supervivencia. Aquí crecemos interactuando con una serie de personas que ejercen una influencia sobre nosotros.

Toda esta serie de patrones nos pueden llevar a repetir exactamente lo mismo en nuestras relaciones de adultos, pese a no estar en el mismo entorno familiar ni con las mismas personas. La otra vía, muy habitual también, es polarizarse en todo lo contrario y convertirse en todo aquello que no veíamos en nosotros de pequeños.

Esto tiene un riesgo si se hace desde el juicio y no desde la comprensión, ya que muchos de los aspectos que desechamos de nosotros mismos pueden ser muy útiles en nuestro crecimiento. Un ejemplo puede ser el niño que ha vivido en un clima de represión, de estricto orden y rigidez en su infancia, y cuando es adulto decide cambiar de vida y no adquirir ninguna responsabilidad porque la vida "hay que disfrutarla".

Puede que en un principio se sienta libre y disfrute de esa situación, pero en un momento dado seguramente echará en falta parte de la disciplina y el orden que vivió de pequeño para estructurar una vida diferente. Detrás de la necesidad de rebeldía hay un gran complejo de sometimiento que compensar. Como siempre, la trascendencia se encuentra en el punto medio, en el equilibrio de las polaridades. **La dificultad en cambiar las creencias desde la lógica o el pensamiento racional estriba en que las más arraigadas son *inconscientes*. Están en**

mi mundo inconsciente, están en tu mundo inconsciente.

Las creencias que nos mantienen atrapados en una forma inflexible de vivir nuestras experiencias y que nos hacen experimentar un torbellino constante en nuestras vidas suelen estar alejadas de nuestro nivel de conciencia. Como decía Einstein, "no se puede resolver un problema en el mismo nivel de conciencia en el que se ha creado". Por lo que llegar a un nivel profundo de comprensión siempre nos llevará a ampliar nuestra conciencia.

Normalmente, tenemos una explicación acerca de lo que nos ocurre y nos aferramos a ella por miedo a soltar el control de nuestras vidas, por miedo a conectar con un campo de conciencia más profundo y desconocido: el inconsciente. Para poder observar nuestros programas con distancia es importante dejar todas las presuposiciones previas que tenemos sobre lo que nos ocurre y estar abiertos a recibir cualquier información nueva, por complicada, desagradable o absurda que pueda parecer en un principio.

Así, dejamos que nuestras creencias más profundas permanezcan en un nivel inconsciente o las proyectamos fuera de nosotros por miedo a cambiar. Hemos de pensar que nuestra personalidad ha sido construida con un fin adaptativo y que el hecho de cambiar puede resultar amenazante para nuestra integridad como individuos.

Las personas acostumbran a quejarse de las vidas que han construido, pero muchas veces es más sencillo dejar atrás esas quejas y comenzar a actuar de forma coherente.

"Cuando vemos nuestras vidas... podemos estar mirando directamente nuestras creencias más verdaderas, y a veces más inconscientes, reflejadas en el espejo".
(Gregg Braden)

Las personas defienden sus creencias, incluso en algunas ocasiones con su vida. En muchos casos, nos relacionamos con gente que comparte nuestro mismo sistema de creencias y juzgamos a aquellos que no lo comparten. Creamos divisiones, jerarquías, incluso asociaciones que permiten consolidar o reafirmar nuestro sistema de creencias. Es necesario destacar que no hay nada de malo en sentirnos parte de un grupo que comparte nuestra forma de ver el mundo, es algo incluso necesario en muchas ocasiones, el peligro reside en pensar que solo existe una forma correcta de funcionar y que lo que no coincide con eso está equivocado.

Las creencias que condicionan nuestras vidas funcionan como un filtro neurológico a través del cual todo se ve prácticamente igual independientemente de dónde nos encontremos. Si mi creencia es "el mundo es injusto" siempre encontraré injusticias allá donde vaya, prestaré mucha más atención a cualquier detalle que tenga que ver con esa creencia y trataré de justificarme en función de lo que ocurre. Si alguien me lleva la contraria tendré argumentos de sobra para rebatirle, ya que, en mi vida, he recogido infinidad de experiencias en ese sentido y he conocido a muchas personas que piensan como yo. Esto me convierte en alguien especialmente capacitado para defender mis creencias y, por lo tanto, para no cambiar.

Ejemplos verbales de creencias:

"No se puede tolerar el más mínimo fallo porque se hunde el mundo".

"Si me esfuerzo y lo hago bien, seré reconocido".

"Este mundo es muy cruel y nadie ayuda a nadie".

"Nadie me comprende en esta vida".

"Yo soy completamente libre, hago lo que quiero".

"Si el otro no hace lo que yo quiero, no me quiere".

"El amor lo puede todo".

"Si no me ven, no me valoran".

"Si no estudio no valgo".

"Tengo que ser fuerte y válido".

"Si digo lo que pienso me van a rechazar".

El lenguaje es la punta del iceberg de nuestra experiencia. Para conocer bien a qué se refiere alguien cuando expresa una creencia es imprescindible que describa de la forma más objetiva posible su experiencia particular.

Cada persona consolida su sistema de creencias con experiencias totalmente particulares. Habitualmente, pensamos que comprendemos muy bien a qué se refiere nuestro interlocutor cuando nos habla de su historia, pero no nos damos cuenta de que constantemente hacemos uso de nuestro propio mapa mental para construir la realidad de la conversación en imágenes.

Al leer las siguientes creencias podrás observar cómo aparecen imágenes y situaciones en el interior de tu mente que tienen que ver con tu propia experiencia de vida.

"No existo": Alguien que no suele intervenir en las conversaciones de grupo porque siente que no tiene el mismo derecho a intervenir o porque no quiere molestar. Esto le ha permitido no cometer ningún error en su discurso y no molestar a nadie, por lo que se asegura su permanencia en el grupo. Pese a que en ocasiones se juzgue por no intervenir, su necesidad de pertenecer al grupo está por encima de sus ganas de trascender esa creencia limitante.

"No soy suficientemente bueno": Puede ser que alguien con esta creencia siempre esté estudiando o intentando mejorar a nivel profesional para demostrar a los demás o a sí mismo sus capacidades. Gracias a esta creencia puede haber aprobado dos carreras o haber cosechado éxito con sus empresas.

Los valores que son importantes para nosotros están totalmente alineados con nuestro sistema de creencias y nuestros comportamientos.

Si para una persona el valor "solidaridad" es muy importante, llevará a cabo una serie de comportamientos específicos para fomentar ese valor. Puede que done cada mes una cantidad específica de dinero a una ONG, puede que colabore de forma gratuita en alguna asociación que intente mejorar su comunidad, como un comedor social, etcétera. Bajo el valor "solidaridad" pueden subyacer creencias del tipo *"aquel que no comparte no es de fiar"*, *"no puedo tener nada para mí"*, *"el mundo es egoísta"*, etcétera.

Todo aquello que no concuerde con su lista de creencias y con el valor de fondo lo situará en la lista de "cosas o personas que no son como yo", por lo tanto, cosas que no son buenas, y lo situará fuera de él.

Desde la conciencia de unidad entendemos que no existen buenos ni malos comportamientos, lo único que hemos de hacer, si siempre vemos fuera de nosotros "egoísmo" o "insolidaridad" es plantearnos por qué nos molesta, qué tiene que ver con nuestra historia personal y a quién juzgamos realmente por no hacer las cosas como nosotros las hacemos.

Esto me llevará a dejar de juzgar a aquellos que no son como yo, de esta manera podré seguir haciendo lo mismo, pero desde otro estado, un estado de no juicio y de comprensión.

Los valores son muy importantes para nosotros y permiten mejorar las sociedades y evolucionar como seres humanos, el problema viene cuando nos aferramos tanto a ellos que no entendemos el mundo sin que esos valores se cumplan y perdemos el equilibrio interno.

Si jerarquizamos valores o comportamientos como buenos o malos, estamos realizando el mismo proceso que en la construcción de nuestra personalidad "persona-sombra". En el momento que definimos algo como bueno o positivo creamos la misma polaridad en negativo. Es por eso que entendemos que es en los lugares donde más sombra se percibe donde debemos aplicar más la visión de unidad y así poder equilibrar las polaridades que se han estructurado.

***Todos los comportamientos y expresiones de una persona derivan de sus* creencias, criterios y valores.**

PROCESO DE CAMBIO DE CREENCIAS

En el proceso de cambio de creencias, como en el de cualquier otro tipo de aprendizaje, se van sucediendo una serie de etapas de forma natural. Saber cuáles son, nos pueden ayudar a gestionar el estrés y la frustración que, en ocasiones, pueden conllevar los cambios.

Incompetencia inconsciente: *Es el punto previo al proceso de cambio.* En este momento puede haber una intención de cambio, pero aún no sabemos qué cambiar, no sabemos dónde se encuentra la dificultad en nuestra estructura. Por ello decimos que es una incompetencia inconsciente, es algo que no sabemos cómo realizar, pero ni siquiera somos conscientes de ello. Sería como decir: No sé qué es lo que no sé. Normalmente vivimos inmersos en este estado con respecto a muchas competencias que no nos son de utilidad. No hay actividad ni movimiento intelectual alguno con respecto a esta incompetencia.

Ejemplo: El niño va creciendo y se da cuenta de que para conducir hay que cambiar de marcha, usar embrague, freno y acelerador con los pies mientras se usa el volante con las manos, hay todo un código de circulación que condiciona la conducción e incluso asuntos mecánicos y técnicos que han de tenerse en cuenta. Ya sabe que "no sabe" conducir.

Incompetencia consciente: *Se trata del primer paso hacia el aprendizaje.* Es cuando, al menos, nos damos cuenta de aquello que queremos aprender, aunque aún no seamos capaces de llevarlo a cabo. Es todo aquello que descubrimos en nosotros y que no nos gusta, pero seguimos realizando. Se manifiesta la necesidad del cambio, es el primer movimiento hacia el aprendizaje. Ya sabemos lo que no sabemos, y por este motivo podemos comenzar a aprenderlo. Es una etapa crítica, ya que es fácil caer en la impotencia y el desánimo. Aquí es muy importante entender que es parte imprescindible del proceso y que es el momento de seguir adelante con determinación.

Ejemplo: Un niño de cuatro años viendo a sus padres conducir aún no sabe la complejidad que implica (puede pensar que se maneja solo moviendo el volante), pero tampoco necesita aprenderlo de momento. Él no sabe que "no sabe conducir".

Competencia consciente: *Se produce cuando ya hemos aprendido algo, pero aún lo hacemos de una forma artificial, dedicando muchos recursos atencionales para llevarlo a cabo.* Es un periodo que requiere de paciencia y perseverancia, ya que, aunque hayamos aprendido a llevar a cabo el nuevo aprendizaje, conducta o creencia, aún debemos estar muy atentos para funcionar de esa nueva forma. Ahora somos muy conscientes de que sabemos algo, le prestamos un gran espacio mental, necesitamos tenerlo muy presente de momento.

Ejemplo: El niño crece, cumple dieciocho años y aprende a conducir. Los primeros días va repitiéndose internamente qué significan las señales, cuándo ha de cambiar de marcha o regulando la presión que ha de ejercer en el pedal de freno. Le cuesta conducir y lo hace desde un gran estado de activación.

Competencia inconsciente: *Se produce cuando el aprendizaje está ya integrado, tanto es así que ni recordamos que lo sabemos, ya forma parte de nosotros.* Es importante tener esta etapa en cuenta, ya que, en ocasiones, puede distorsionar la valía de todo aquello que hemos aprendido. Tan importante es saber aquello que debemos aprender cómo saber aquello que hemos conseguido aprender y cambiar a lo largo de nuestra vida. Aunque ahora muchas cosas de las que "somos" las demos por hechas y supuestas, hubo un día en el que tuvimos que aprenderlas. Es interesante ver cómo las aprendimos, dónde y por qué.

Ejemplo: Con el paso de los meses y la práctica continua, llega un momento en el que ya puede conducir sin pensar ni siquiera en cómo está conduciendo, de una forma natural, espontánea. Cuando conduce puede ir pensando en otras cosas, hablar con otras personas e incluso abstraerse hasta tal punto de no recordar el camino que usó para ir a casa.

LA HERENCIA PRENATAL

Las experiencias del pasado traumáticas en nuestro pasado o en el pasado de nuestros antepasados recientes dejan cicatrices moleculares codificadas en nuestro ADN.

Judíos cuyos bisabuelos fueron expulsados de sus ciudades, jóvenes inmigrantes provenientes de Europa cuyos padres sobrevivieron a las masacres, adultos de todas las etnias que crecieron con padres alcohólicos o abusivos; todos ellos llevan más que recuerdos.

Sus experiencias y las de sus antepasados, incluso si ya han sido olvidados, los acompañan y se convierten en una parte de ellos.

El ADN sigue siendo el mismo, pero las tendencias psicológicas y de comportamiento se van heredando.

Alguien puede heredar el aspecto fisiológico de su abuela.

Asimismo, también puede heredar su predisposición a la depresión, causada por el abandono que sufrió cuando era una recién nacida. Si tu abuela, en cambio, fue adoptada por padres implicados en su crianza y educación, es posible que estés disfrutando del impulso que recibió gracias a su amor y apoyo.

Los mecanismos de la epigenética del comportamiento nos trae no solo en los déficits y debilidades, sino también en las fortalezas.

Desde mis sesiones proponemos que cambiar de percepción sobre ciertas situaciones vitales genera un nuevo ambiente emocional que puede influenciar en la reprogramación de los genes. La toma de conciencia y el paso a la acción pueden ser poderosos aliados.

La influencia de la madre sobre el niño es fundamental. El vínculo afectivo de la madre tiene un papel trascendental en el desarrollo de la vida de un niño. Sin embargo, la capacidad del cambio genético para persistir a través de generaciones todavía sigue siendo objeto de debate. ¿El bebé nace puro y posteriormente, tras su nacimiento, cambia por la crianza de los padres o quizás, por otro lado, el cambio ya se transmite a través del óvulo fecundado?

Cuando el espermatozoide se fusiona con el núcleo del óvulo hay una reprogramación de la información que lleva el espermatozoide y luego una reprogramación mucho más lenta de la madre. Como nos diría la Dra. Carey: *"El óvulo y el espermatozoide nunca serán nada más que un óvulo y un espermatozoide, a menos que se fusionen. Una vez fusionados, estas dos células altamente especializadas forman una célula que está tan poco especializada y da origen a todas las células del cuerpo humano, incluida la placenta"*.

He aquí la importancia de la reprogramación: esta información se transmite a todas y cada una de las células que conforman nuestros órganos. También es importante tener en cuenta que esta reprogramación tiene lugar antes incluso de la reproducción, en el momento de la maduración de las células sexuales.

El espermatozoide se reprograma setenta y dos días antes de la posible concepción, mientras que el óvulo lo hace cada veintiocho días, coincidiendo ambos con sus períodos de maduración.

Se dispone de poca información en humanos sobre la transmisión mediante el espermatozoide, pero en los dos últimos años ha habido evidencia en animales del mismo estilo de vida de los hombres que causan cambios muy notables en sus espermas y se transmiten de generación en generación.

"La biología nos enseña que, cuando el óvulo y el espermatozoide se fusionan, los dos núcleos son reprogramados por el citoplasma del óvulo. El núcleo del espermatozoide pierde muy rápidamente la mayor parte de la memoria nuclear de lo que fue y se convierte casi en un lienzo en blanco. El citoplasma de un óvulo es increíblemente eficiente para revertir la memoria epigenética sobre nuestros genes, y actúa como un gigantesco borrador molecular. Esto es lo que hace muy rápidamente cuando los núcleos del óvulo y el espermatozoide se fusionan para formar un cigoto".
(Nessa Carey).

LA INFORMACIÓN DE NUESTROS PADRES

El objetivo de guardar la información de nuestros padres es el hecho de poder desaprender y trascender información a fin de que nuestros descendientes queden libres de ciertos condicionamientos.

En general, los estudios demuestran que cualquier predisposición puede ser transmitida de padres a hijos y que los acontecimientos dolorosos pueden llevar a conductas y reacciones emocionales desadaptativas en generaciones posteriores. Somos la expresión de nuestros genes, pero, sobre todo, somos la expresión de nuestro mundo inconsciente, donde están todos nuestros programas. Recordemos que nacemos programados.

Nuestras vidas son la expresión de estos programas y tomar conciencia de ello nos puede dar las herramientas para tener una nueva percepción del entorno y ser capaces de tomar decisiones más conscientes.

Dentro de lo que entendemos por ambiente, hemos de incluir nuestros pensamientos, sentimientos y emociones, que son las manifestaciones de nuestras creencias.

La Epigenética nos plantea otras cuestiones importantes, como la de descubrir que todos heredamos una predisposición concreta de nuestros antepasados a la hora de relacionarnos con nuestro ambiente. Las aportaciones de la Epigenética son fundamentales para entender que podemos participar en nuestro bienestar, porque nos muestran que podemos aprender a favorecer nuestra salud cambiando de medio ambiente, lo que implica empezar a percibir de otra manera.

Uno de los principios básicos tanto de la Psicología como de la Física Cuántica es el principio de complementariedad, también conocido como polaridad. Según Stephen Gilligan, cada polaridad o cada lado de la complementariedad puede usarse de forma positiva o negativa, así como experimentarse en una variedad infinita de formas posibles. Nuestros valores fijos y nuestros prejuicios suelen provocar que nos polaricemos fijamente en un lado concreto de la complementariedad.

Todo se expresa desde la dualidad, incluso aspectos de la personalidad como la generosidad y el egoísmo, la simpatía y la antipatía o la timidez y la extroversión.

Sin embargo, como vemos, más que opuestos son complementarios, es decir, uno no sería sin el otro. Vivir es transitar estas polaridades.

El problema reside en que es muy común que hagamos juicios sobre ellas, que nos identifiquemos más con una u otra, que pensemos que una es lo correcto y la otra es un error.

En esos casos, nos posicionamos y perdemos de vista una gran parte de la naturaleza que conforma nuestra realidad.

Por ejemplo, alguien que opina que la generosidad es adecuada y correcta y que el egoísmo es negativo y perjudicial, si no es capaz de equilibrar estas polaridades, es posible que, acabe viviendo una vida en la cual prioriza cumplir con las necesidades de todos los demás antes que las suyas propias.

En el momento en el que entienda la función de cada uno de esos posicionamientos y los beneficios que conllevan uno y otro podrá usarlos cuando el contexto lo requiera, no de una forma ciega y dogmática, sino desde la flexibilidad y la adaptación.

El universo siempre tiende al equilibrio y es precisamente esta continua tendencia la que genera el movimiento, la energía que provoca entre sí la resistencia de los complementarios.

Sin ellos, no existiría nuestra vida tal y como la experimentamos.

Cuando el posicionamiento es excesivo, ampliamos la distancia entre los dos polos y creamos un desequilibrio. Nuestro cerebro cognitivo registrará ese instante y nuestro cuerpo, como sistema de comunicación, anclará esa experiencia en nuestra biología a través de la emoción y el posterior bloqueo neuromuscular.

Esta experiencia vivida desde el posicionamiento excesivo queda grabada en nuestro mundo inconsciente y seguirá reforzándose cada vez que percibamos otras situaciones con los mismos filtros mentales. Cuando volvemos a experimentar una situación parecida tenemos una oportunidad para poder cambiar la forma de percibirla.

Mantenerse en una de las dos polaridades, responde a un exceso y es importante observar si nos conviene seguir posicionándonos o encontrar una alternativa que equilibre los opuestos.

La información sobre los dramas sucedidos en la familia suele estar relacionada con el posicionamiento excesivo de uno de sus miembros y de cómo dicho posicionamiento, a su vez, supuso un estrés para el sistema familiar.

La información almacenada en nuestro inconsciente se transmite a la descendencia y, debido a ello, los miembros de la siguiente generación pueden experimentar el mismo tipo de situaciones desde cualquiera de las dos polaridades.

La adaptación de las generaciones siguientes pasa por buscar el equilibrio del sistema y compensar dichos excesos, bien desde el mismo posicionamiento o bien desde el posicionamiento opuesto o complementario. Lo que es importante destacar es que el clan, como sistema, siempre tenderá a equilibrarse, al igual que cualquier elemento de la naturaleza.

El equilibrio del sistema en su conjunto viene determinado por el equilibrio de cada uno de sus miembros; por eso, cuando un miembro está permanentemente en una polaridad, otro miembro tenderá a expresar el extremo complementario.

Si, en cambio, dicho miembro se permite transitar y moverse entre las dos polaridades, el otro también tenderá a movilizarse, pasando de un sistema rígido a uno flexible y más adaptativo, favoreciendo así la trascendencia de los opuestos. El factor que nos fija en un posicionamiento u otro son las creencias y los juicios.

La posibilidad de trascender siempre surge desde una polaridad u otra. Para poder desarrollar una conducta determinada necesitamos un ambiente emocional donde poder hacerlo. Por ello, el primer paso para trascender un conflicto será experimentarlo.

La emoción vivida en ese conflicto será la que nos forzará a movernos y evolucionar. Una emoción atendida será nuestra mejor aliada para crecer —recordemos que *"emoción"* viene de *"emovere"*, que significa *"moverse desde"*—. La emoción será el elemento necesario e imprescindible dentro del ambiente estresante para que se pueda realizar un cambio y podamos trascender ese conflicto.

Cuando uno de los miembros de la familia trasciende su rol y se permite experimentar otras posibilidades, el sistema se desestabiliza para encontrar otro punto de equilibrio distinto; este hecho es el que facilita el cambio en los otros miembros de la familia. Al modificar nuestro papel, se desencadena un movimiento en todo el sistema que obliga a todos a reequilibrarse de algún modo. Esta es justamente una de las razones por las que suele ser tan complicado cambiar dentro del ámbito familiar. Tal como diría el psiquiatra François Tosquelles:

"*Si se cura a un individuo sin tocar al conjunto de la familia, si no se ha comprendido las repeticiones transgeneracionales, no se ha hecho gran cosa en terapia. Eso frecuentemente solo es una mejora pasajera. Este modo de ver vuelve a plantear todas las psicoterapias existentes, clásicas y nuevas, incluidas las más famosas, las más serias, las más respetadas, incluido el psicoanálisis individual si quiere*".

LOS SILENCIOS

Ahora te voy a hablar de los silencios. ¡¡¡Shhhh!!! Los silencios tienen una base emocional muy clara: la vergüenza, el miedo al rechazo social o familiar, el miedo a quedar fuera del clan.

Es por ello que las personas esconden violaciones, adulterios, asesinatos, maltratos, herencias, hijos ilegítimos, incestos, niños que nacen enfermos o discapacitados, adicciones, muertes inesperadas que se convierten en duelos no realizados, entre muchos otros.

Todos estos secretos se instalan en la primera generación y son ignorados por la segunda. Pero, desde una perspectiva transgeneracional y psicogenealógica, estos se acaban manifestando en forma de obsesiones, búsquedas, sufrimientos, pesadillas, enfermedades graves o accidentes.

Los "silencios" también se pueden manifestar indirectamente en la tercera y cuarta generación y, a veces, durante más de un siglo. Es a lo que Anne Schützenberger llamaba *lazos transgeneracionales*.

La información de nuestros ancestros se manifestará en nuestras vidas de muchas maneras y en muchos momentos. Esto no supone un castigo si comprendemos que el inconsciente es atemporal y que su propósito es salvaguardar la información para que las generaciones venideras hagan uso de ella, repitiendo los patrones si así lo desean o bien trascendiendo dicha información.

Todo depende de la conciencia con la que se afronten las experiencias de nuestro día a día.

Esto es así porque responde a las características del inconsciente: es atemporal, inocente, lo asocia todo en primera persona y no distingue entre real y simbólico.

Pero, sobre todo, es irracional, guarda la información del trauma del estrés sin juzgarla. Tan solo almacena la emoción que, en este caso, es negativa y la transfiere a la siguiente generación.

Para identificar información que nos resulte relevante durante una sesión con mis clientes, debo prestar especial atención a los siguientes aspectos:

Las **repeticiones**: son uno de los aspectos más importantes a la hora de realizar el proceso de indagación. Algunos ejemplos pueden ser el de personas que tienen la misma enfermedad o bien personas que han vivido situaciones traumáticas muy similares; accidentes que se repiten en edades iguales o roles en las relaciones de pareja que se repiten habitualmente. Este tipo de situaciones nos darán una pista para inferir que hay una información importante que los miembros de la familia están compensando inconscientemente.

Los **excesos**: se entienden como excesos aquellas situaciones que sobrepasan lo habitual, lo lógico o lo general. Una preocupación excesiva por algún hijo, tratos muy diferenciados entre familiares, situaciones estresantes que nos molestan y que en principio no son tan graves, entre otros. Todo esto nos puede estar hablando de situaciones dramáticas en la línea de vida de nuestros padres o abuelos que nosotros estamos compensando con nuestro comportamiento.

"Lo que no se ha podido expresar con lágrimas ni con palabras se expresa después con dolores, por falta de palabras para decirlo [...]. En los silencios está la clave del árbol; callamos por el bien de los demás, y esto se convierte en nuestras enfermedades [...]. Somos menos libres de lo que creemos, pero tenemos la posibilidad de conquistar nuestra libertad y de salir del destino repetitivo de nuestra historia si comprendemos los complejos vínculos que se han tejido en nuestras familias".
(Anne Schützenberger)

EL ESTRÉS

Generalmente, callar algo mucho tiempo nos da estrés. Siempre después de una catástrofe, incendio, robo, etcétera, se necesita hablar y llaman a psicólogos o sociólogos para que puedan sacarse esa bronca, enojo, rabia, tristeza, etcétera, acumulada.

El objetivo en mis sesiones es que la persona tome conciencia de los conflictos emocionales que mantienen inconscientemente la activación de la respuesta al estrés. Por ello, es importante tener en cuenta todos los escenarios en que las experiencias, sean propias o de los antepasados, han podido dejar una huella que mantiene el mismo tipo de reacción.

El estrés no implica únicamente la secreción de un tipo de hormonas, sino que además va a moldear un tipo de conducta, una misma forma de reaccionar ante situaciones similares.

"Cuando la consciencia se bloquea en un estado, el aprendizaje y el cambio son imposibles e inevitablemente surgen los problemas [...].

Prácticamente todos los mamíferos responden a las amenazas serias de la vida con lo que yo denomino un trance traumático, un estado paradójico de inmovilización corporal acompañado de una gran excitación interior.

Mientras que en la mayoría de los mamíferos este trance traumático dura muy poco tiempo, desapareciendo una vez que la amenaza se aleja, en los humanos (y en los animales condicionados, por los humanos) pueden permanecer indefinidamente durante años, décadas e incluso generaciones.

En estos estados de bloqueo neuromuscular, la conciencia se siente restringida a recrear la misma experiencia una y otra vez".

Por tanto, una situación estresante o la aparición de un síntoma no tiene un solo origen, ni puede ser comprendido desde una perspectiva lineal, sino que tiene conexiones con experiencias anteriores, tanto de la vida cronológica propia como de la de los progenitores y ancestros.

En una consulta, vamos a tratar muchos temas, pero todos integrados. Siempre vamos a partir de un síntoma o una dificultad que evidencia un estrés emocional inconsciente previo a su aparición. Por lo tanto, es importante situar en el tiempo dónde y cuándo se inicia para contextualizar y explorar las circunstancias previas.

El estrés repetitivo destruye las redes neuronales que estructuran el recuerdo a largo plazo. Por este motivo se indica al consultante que se asocie a los distintos escenarios y los describa en presente. El hecho de asociarse y describir el contexto en presente ayuda a recuperar el recuerdo.

La respuesta al estrés es adaptativa y nos empuja a aprender. Cuando la situación representa un estrés moderado y se mantiene sin cambios, nuestra biología tiene capacidad de adaptarse. Si hay tiempo de adaptación, hay aprendizaje y para manifestar un síntoma o una dificultad generalmente es necesario que haya un cambio.

Toda situación de estrés en un momento particular de la vida cronológica tiene resonancia en diferentes experiencias personales, familiares y ancestrales. Es útil investigar las diferentes circunstancias que han estructurado nuestra forma de reaccionar ante un agente estresante y encontrar los elementos comunes.

EL PERDÓN

Las situaciones que experimentamos y sus correspondientes emociones asociadas no pertenecen únicamente al ámbito de lo inmediato, para el inconsciente siguen sucediendo en torbellino cada vez que les prestamos atención, y, mientras no consigamos trascenderlas, seguirá dicha experiencia aguardando para volver a ser experimentada una y otra vez.

Desde la perspectiva de sincronicidad y conciencia de unidad podríamos preguntarnos: ¿Para qué necesito visitar una y otra vez una situación que me resulta desagradable? ¿Qué posible beneficio puedo obtener de algo que, percibo como dañino?

La respuesta a estas preguntas podría resumirse con una palabra: **PERDÓN**.

El concepto de perdón, al igual que sucede con el de amor, es muy usado en el lenguaje común. Curiosamente, conceptos extremadamente abstractos y complejos se usan con una cotidianidad pasmosa, formando parte de miles de conversaciones en las que, en realidad, hay una gran posibilidad de que cada uno esté hablando de algo distinto y tengan la falsa sensación de entenderse.

Las palabras son símbolos que nos alejan de la realidad, de ahí la vital prudencia de acotar el significado de lo que explicamos para que se produzca la comunicación de la forma más precisa posible. Por ello, para poder hablar del perdón compartiendo un concepto común, comenzaremos por delimitar su significado y sus implicaciones.

¿QUÉ NO ENTENDEMOS DEL PERDÓN?

Existen varias interpretaciones y conductas habituales que se asocian con el perdón, pero, según nuestro punto de vista, distan bastante del concepto que representa la palabra. Perdonar no implica tolerar o justificar comportamientos dañinos, ni nuestros ni de otros.

El hecho de entender por qué sucede aquello que me daña no quiere decir que tenga que seguir aguantándolo ni viviéndolo. El perdón implica una comprensión mayor y general que, cuando es completa, nos permite actuar de una forma distinta, sin ser esclavos de nuestras emociones.

Sin embargo, un perdón sin cambio, sin la demarcación de límites y respeto a nuestras propias condiciones, se convierte en una evasión de nuestra responsabilidad y una renuncia de nuestros derechos.

Siguiendo en esta línea, para muchos, el perdón pasa por no mostrar rabia o resentimiento. Entierran todas las emociones aversivas bajo una cubierta de falsa aceptación y compasión. Negando la rabia y el dolor tan solo nos estamos adecuando a una situación desde la sumisión y el miedo al rechazo.

Esto, lejos de suponer un perdón, acaba transformándose en un rencor cada vez mayor hacia la persona con la que tuvimos el conflicto y también hacia nosotros mismos por no hacer nada al respecto.

Negar una parte de la realidad de aquello que pretendemos perdonar acaba suponiendo un perdón incompleto.

Pasando a la polaridad contraria, perdonar tampoco supone adquirir una posición de superioridad con respecto a la persona con la que tenemos el conflicto.

La complacencia y la compasión de ver a la otra persona como incapaz o minusválida es aferrarnos al ego para superar el problema. Supone refugiarnos en la comparación y la descalificación indirecta.

Perdonar por lástima, más que perdonar, simplemente supone un remedio paliativo y temporal para alimentar y consolar al ego.

Por otra parte, el perdón es una experiencia personal. No es necesario llevarlo a cabo con ninguna conversación ni interacción con la persona perdonada. Si fuera así, sería imposible quedar en paz con aquellas personas que ya no están o cuya actitud no esté en consonancia con nuestra intención.

En cualquier caso, el hecho de llevarlo a cabo con un acto simbólico, como una conversación o un abrazo con otra persona, puede ser agradable e incluso liberador de alguna manera, pero en ningún caso será imprescindible.

Por último, es importante mencionar que perdonar no implica necesariamente comenzar a cambiar el tipo de relación con esa persona si no se desea. No implica comenzar a llamar más a esa persona o que, de repente, se convierta en tu mejor amigo/a.

A este respecto, puede ser que cambie el tipo de relación o no, tantas posibilidades existen como tipos de personas y conflictos. Sin embargo, no será condición indispensable para vivir la experiencia del perdón.

El perdón tampoco es algo que se hace de una vez por todas, no implica un punto de inflexión temporal y aislado del resto de la vida. Por lo tanto, dicho todo esto, ¿qué es el perdón?

El perdón es un cambio de percepción continuo de aquello que nos sucedió y que, de alguna forma, sigue sucediendo en nuestra psique.

El perdón no sucede, sino que sigue sucediendo dentro de nosotros, como una decisión constante. Es una forma de entender nuestra realidad, es un filtro que decidimos usar para percibir lo que nos rodea y que nos exige continuamente determinación y voluntad.

El perdón implica una responsabilidad para con uno mismo, supone el compromiso de experimentar cada momento libre de percepciones pasadas, de sentir cada instante como algo nuevo. Lo único que nos mantiene anclados al pasado es el peso de la culpa.

PERDONAR ES DAR GRACIAS AL APRENDIZAJE.

YO Y MI MUNDO CONSCIENTE

El trabajo más importante que he realizado, es desarrollar mi propio proceso de autoindagación y, como siempre decimos, nadie puede acompañar a alguien a un lugar donde nunca ha estado.

Es por eso que no será posible evolucionar como acompañantes si no somos capaces de autoindagar en nuestra historia y trabajar con nuestra sombra. A partir de aquí y de forma natural podremos servir como ejemplo a otras personas que estén en una situación de estrés y no daremos lecciones sobre algo que no practicamos.

Muchas personas no acaban de desarrollarse, porque buscan sanarse a través de los demás y no están dispuestos a aplicarse ese trabajo a sí mismos. En este libro te he intercalado teorías y conceptos con prácticas de autoacompañamientos y autoindagación.

Todo lo que has leído yo lo he trabajado y lo sigo trabajando constantemente, ya que nuestra vida es un desaprender permanente.

En mis sesiones es muy importante hacer sentir a toda persona que nos visita que se la comprende y que no se la juzga por su historia y por las decisiones que ha tomado en su vida. Hay que aceptar incondicionalmente al cliente.

- La historia del cliente ha de ser comprendida, pero no reforzada. Se ha de empatizar, pero sin entrar en el sufrimiento del cliente, aplicando siempre el *rapport* adecuado para no perder la conexión y el estado de centro durante la sesión. En la mente del acompañante siempre tiene que haber un camino hacia la transcendencia de esa experiencia, un estado en el cual el cliente pueda observar su historia de otra forma. Por lo tanto, debemos simpatizar con la historia de la otra persona.

- Los ejemplos son muy útiles para que el cliente entienda que no es el único que vive conflictos de ese tipo y que hay otras personas que han encontrado solución a sus bloqueos. Yo siempre les cuento situaciones similares de otros consultantes cuando lo veo oportuno.

- Hay que dejar claro que uno de los objetivos del acompañante es que el consultante salga con los recursos para tomar las riendas de su propio crecimiento. Nos ofrecemos para hacer un seguimiento de su proceso de cambio, pero evitando en todo momento generar una dependencia; hay que enseñarle a ser autosuficiente y resolutivo en su vida, yo no repito consultas del mismo conflicto, solo en caso de ser estrictamente necesario.

- Es muy importante que el acompañante preste atención a los programas inconscientes del cliente y las creencias asociadas. El hecho de mencionarlas verbalmente, de hacerlas explícitas, hace que el cliente pueda reflexionar sobre ellas y tenga la oportunidad de cuestionárselas. Hay que ser muy didáctico.

- Sus hipótesis deben mostrarse flexibles. Todos los conocimientos previos se han de dejar de lado para prestar atención a lo que está ocurriendo en consulta y, de esta forma, no determinar el proceso antes de comenzar.

- Siempre que sea oportuno y no rompa el *rapport* con el cliente, es bueno utilizar el sentido del humor para relativizar las creencias y experiencias del cliente y que pueda desconectar las redes neuronales que las sostienen para establecer otras nuevas. El principal objetivo es acompañar al consultante a que relativice sus problemas emocionales.

En un acompañamiento es importante observar si lo expresado por el cliente está en concordancia con su lenguaje no verbal, encontrar contradicciones en su discurso, detectar excusas o evasivas.

Todo esto nos sirve para entrar en aspectos de la sombra del cliente y acceder a esas informaciones que permanecen escondidas por parte del ego. Al fin y al cabo, no dejan de ser señales del inconsciente, partes internas que están en desacuerdo y que necesitan ser integradas de forma consciente.

La escucha activa es una forma de atención dinámica e intencionada. Se trata de ser conscientes de nuestra forma de escuchar y de prestar atención a todo lo que ocurre durante la consulta en los diferentes niveles en los que se mueve la comunicación.

La sintonía transmite un mensaje implícito: tú y yo somos iguales. Es una forma de acercarse a la otra persona mostrando una parte del propio mapa que se parece al del consultante. Por ello, es muy importante conocer cómo se genera la sintonía y qué necesitamos tener en cuenta para hacerla, de modo que sea posible propiciarla cuando no suceda espontáneamente.

La calibración forma parte de la escucha activa, pero la diferenciamos por su relevancia en el proceso de acompañamiento. A través de la calibración podemos observar los pequeños cambios que se van produciendo a nivel fisiológico en nuestro cliente.

MIS PALABRAS Y MI TRANSFORMACIÓN

Por último, te quiero decir que vivas en forma coherente, que tomes conciencia de cómo estás viviendo. ¿Estás en coherencia? ¿Tu mente consciente te sabotea?

Que cada cosa que hagas, trates de hacerla en plena conciencia, y lo que más deseas hazlo y, si te cuesta, hazlo igual.

Yo, en este camino de crecimiento espiritual, he conocido a muchos profesores, médicos, formadores, mentores y estudiantes de diferentes libros.

He ido pensando, actuando, comportándome, de diferentes maneras. Pero siempre hacia adelante.

Ha habido muchos cambios en mi vida, muchas amistades se han alejado de mí y yo de otras. Al principio lo vi muy mal, me sentí muyyyyyyy mal, no les voy a mentir, sufrí y sufrí mucho.

Pero me di cuenta de que detrás de cada cosa "fea" que me pasaba, detrás de ella había un aprendizaje.

Aprendí y estoy aprendiendo a ver qué es lo positivo que me deja cada una de las situaciones que yo "creo" que es negativa en mi vida. Es una lección muy grande, porque sé que cada una de las elecciones que tomo marca mi camino.

Yo estoy totalmente comprometida con lo que hago, soy muy cuidadosa en cumplir mis sueños. Si ahora hago lo que quiero, más adelante no me voy a poder arrepentir de lo que no hice.

Todo es un sistema de creencias que se maneja con placer y dolor. Cuántos tenés alrededor que abandonan sus sueños.

Te tenés que decir la verdad y actuar en consecuencia de ella, aunque cueste y duela, porque te vas a transformar. Dejá de negociar tus precios y empezá a trabajar por vos, con el tiempo vas a ser lo que la mayoría no será.

En mis sesiones, permanentemente les hago ver eso y ver porqué a veces se sienten solos, abandonados, desesperados… Les propongo que digan su verdad, así se liberan y no ponen más excusas para transformar sus vidas.

Si ahora haces lo que los demás no hacen, en el futuro podrás hacer lo que los demás no han podido hacer y vas a obtener lo mejor para tu vida. Con el tiempo, vas a ser lo que los demás quieren ser, por ahí el cumplir tus sueños te va a apartar de varias cosas.

Al hablar con palabras fuertes emocionalmente le estoy asociando más dolor a todo eso y mi mente subconsciente lo va a evitar mucho más, y cuando yo me descubra a mí mismo poniéndome excusas, lo voy a evitar automáticamente.

Porque lo he tomado con un alto impacto emocional. Porque así se forman las creencias, , las positivas y negativas. Creencias que te llevan a lo que no querés o lo que sí querés.

Estudiando todo esto mi vida se transformó, y por primera vez, empecé a ver mis comportamientos y los comportamientos de la gente que tenía alrededor.

Si esa persona cree que lo que yo hago, digo o pienso, no le va a funcionar, no habrá modo de que lo ponga en marcha (si no lo pone en marcha, ¿cómo va a conseguir resultados). El pensamiento es la madre de la acción, y aquello en lo que tú crees se convierte realmente en una profecía que acaba por cumplirse.

Leyendo uno de los tantos libros que leo, encontré esto y quiero compartirlo, ya que para mí es muy importante ponerlo en práctica día a día. Yo lo estoy haciendo y mi vida se ha transformado un 101 %:

- Te propongo que pongas sobre el papel qué es el éxito para vos. Anota lo que tienes que cambiar en tu vida para sentir que eres alguien de mucho éxito y lo que ocurrirá si no mejoras. Luego, anota tus objetivos para las principales áreas de tu vida. Escribe cómo quieres que sea tu realidad dentro de cinco años. Haz la lista y así la claridad que deseas va a ser exitosa, y el conocimiento precede a toda transformación.

- Luego, en este libro, menciona que existe algo muy poderoso, es el hecho de empezar. Un simple acto, emprendido ahora, pone muchas fuerzas en marcha y mucho empuje, y con la acción empiezas a experimentar resultados positivos. Eso da pie a un círculo positivo: más acción, más resultados, lo cual estimula la confianza. Paso a paso llegas a la meta.

- Da pasos pequeños. No puedes llegar a la cima de la montaña con un salto, porque seguramente te caerás, tropezarás, empezarás de nuevo o tal vez abandonarás. Se llega a la cima por etapas. Paso a paso llegarás a tu meta. Cada paso te acerca a tu sueño. La vida también es así. Pequeños pasos diarios te conducen con el tiempo a la grandeza. ¿Por qué? Porque los días se convierten en semanas, las semanas en meses y los meses en años. En cualquier caso, llegarás al final de tu vida. ¿Por qué no hacerlo convertido en un ser humano extraordinario?

¿Cómo vamos con los buenos modales? Son una poderosa herramienta para demostrar a los que te rodean que te preocupas por ellos.

El verdadero cambio no es complicado, no es difícil, solo requiere de pequeños actos cotidianos de disciplina en algunas cuestiones importantes. Pero, cuando eso se pone en práctica a lo largo del tiempo, los resultados pueden ser sorprendentes.

Los mejores de entre nosotros hacen simplemente lo que casi todos sabemos que deberíamos hacer para vivir una vida plena. Una de las cosas que siempre hacen es decir "por favor".

Los buenos modales son los peldaños para convertirse en vendedor o en un presidente ejecutivo.

Con ello demuestras que respetas a la gente. Sí, tener buenos modales es de sentido común, pero tal como dijo Voltaire: ***"El sentido común es el menos común de los sentidos"***. Y si todo esto resulta tan obvio, ¿por qué la gente normal no lo hace? ***Los buenos modales son un peldaño para convertirse en un ser humano notable.***

También en mis sesiones les digo a mis clientes que pueden hacer todo eso, pero para lograrlo deben centrarse, la persona que lo intenta todo no consigue nada. La mayoría de la gente intenta serlo todo para todos y acaba siendo nada para nadie. Confucio dio en el clavo cuando dijo: ***"El hombre que persigue dos conejos no atrapa a ninguno"***.

Aquello en lo que te concentras crece. Aquello en lo que te concentras es lo que más encontrarás en tu vida. Piensa en ello. Concéntrate en alcanzar la maestría financiera y verás cómo mejorar tu vida económica.

Concéntrate en tu estado físico haciendo ejercicio y siguiendo una buena dieta, y tu salud mejorará. Concéntrate, concéntrate, concéntrate, concéntrate. Eso es lo que hacen los mejores entre los mejores. Tienes que ser muy sincero contigo mismo y no mentirte.

Los seres humanos necesitamos misterios para ser felices en esta vida. Si la vida es monótona, no experimentaremos alegría. Hacé la vida interesante. Conecta con el artista que todos llevamos dentro. Nos sorprende. ¿Y acaso no es sorprender a la gente uno de los principales fines de dedicarse a construir una vida extraordinaria?

El universo favorece a los valientes. Querés sobresalir, sé diferente, dejá que se reían, dejá que te llamen loco. Mantenete fiel a tu visión y a tus valores. Sueña a lo grande. No te conformes con lo corriente. Por lo que he vivido y visto hasta ahora es una sentencia de muerte.

A medida que te acercas al final de este libro y del tiempo que hemos compartido, te invito a que reflexiones sobre las verdades que respetuosamente te he planteado. Piensa en lo que quieres defender en tu vida y dilo, porque lo que de la boca sale del corazón procede.

Cuanto mayores sean tus sueños, más obstáculos vas a tener que afrontar.

Yo he descubierto mi propósito, mi misión, y es que quiero ayudar a los seres humanos para que se conviertan en personas extraordinarias y para que mi empresa y mi familia alcancen una categoría de primera.

Es el entusiasmo el que te mueve para hacer realidad este sueño, tienes que tener un propósito en tu vida. Disfruta de la vida mientras persigues el éxito y, disfrutando la vida, los demás la disfrutarán más contigo.

"Sabía que si fracasaba no lo lamentaría,
pero sabía que había una cosa que sí
lamentaría, era el no haberlo intentado".
Jeff Bezos, Fundador de Amazon

Por lo tanto, superaré cualquier resistencia a la que me enfrente. Mantendré mis ojos puestos en mi sueño. Permaneceré fiel a mi propósito y a mi mensaje. Ganemos o no, habremos marcado la diferencia.

La vida pone a prueba a los grandes soñadores, a los apasionados revolucionarios.

Como te he dicho anteriormente, debemos sanar nuestro pasado y vivir en las mentes y en los corazones de las generaciones que nos seguirán, es una forma de engañar a la muerte.

Establecer dicha diferencia a través de tu forma de liderar y de entregarte supone alcanzar la inmortalidad. Tener un impacto duradero en la vida de los demás, ya sea siendo un campeón en el trabajo, un gran padre en el hogar o un gran líder en la comunidad, es vivir para siempre.

Impacto es una de las palabras que es mi preferida. La grandeza proviene de comenzar algo que no acabará contigo. Dejá de preocuparte por la muerte. Interésate más por la vida.

Por lo que creas hoy. Por tu contribución de este día. Por el miedo que vencerás. Por el acto de bondad que realizarás. Por la enfermedad social que combatirás. No existe situación que no pueda ser transformada. Todos morimos, pero unos pocos viven de verdad.

Vos y yo estamos destinados a la grandeza, estamos hechos para vivir grandes vidas. Está impreso en nuestro ADN. Pero debemos poner de nuestra parte para que sea así. Decisión tras decisión. Paso a paso. Los pequeños logros desembocan en gigantescos resultados.

La vida quiere realmente vernos ganar. Solo tenemos que cumplir con la parte que nos corresponde, por lo tanto, reclama tu parte de grandeza. Clava una estaca en el suelo para señalar tu lugar bajo el sol. Deja de ser un prisionero de tu pasado y sé el artífice de tu futuro.

Y recuerda:

Nunca es demasiado tarde para convertirte en la persona que siempre has soñado ser.

Gracias, Lain, por embarcarme en este sueño maravilloso que día a día se está materializando de manera extraordinaria… Ahora, empiezo a escribir mi segundo libro, que como les conté al principio, es de amor. Se llama: Julia conoce lo desconocido… gracias, gracias, gracias…

LAIN GARCÍA CALVO

Te voy a contar cómo conocí a Laín García Calvo, fue en una de esas sincronicidades de la vida, una amiga me llama por teléfono para hacer negocios, fiel seguidora de Laín, ella se llama Karina. Y como ya está escrito, los que se deben encontrar se encontrarán.

Karina y yo somos buscadoras, de algo que ya sabemos que tenemos, pero no sabíamos cómo extraerlo, ¿para qué buscar? Y encontrar qué?

Entonces haciendo negocios con ella, me nombró a Laín. Yo estaba de vacaciones en un pueblito muy chiquito de Argentina, pero justamente, lleno de librerías y automáticamente me puse a buscar el libro que me nombró LA VOZ DE TU ALMA.

En muchas no lo conocían y en otras los habían vendido el día anterior y cuando les preguntaba cuándo llegaban, me decían, no va a llegar… está agotado.

Pero yo ALMA IMPARABLE, todos los días a la mañana, a la siesta, a la tarde, a la noche lo seguí buscando, nunca me di por vencida.

El último día de vacaciones, paseando por el centro habiendo recorrido todas las librerías del pueblo, donde el libro no estaba. Me asomo en la vidriera de una y lo veo escondido en la parte más alta de la vidriera, tapado de otros libros, entré como si hubiera una liquidación, le dije a la vendedora que me vendiera el libro y me dijo que no lo tenía. Y yo le dije, lo tenés allá arriba, tapado de otros libros y, ¿saben qué?, LO COMPRÉ…

Leer este libro es una búsqueda compulsiva, sintiendo desde lo más profundo de nosotros mismos, desde nuestra ALMA, no sabemos bien qué es, si es que es algo.

Es una búsqueda compulsiva porque sentimos que tanta energía a nuestro alrededor no puede existir solamente para vivir lo que llamamos vida.

El gran secreto es que nosotros somos los hacedores y los arquitectos del mundo en el cual vivimos sin ser conscientes de ellos. Nuestras mentes se proyectan en nuestras vidas y en ella vemos lo que la mente proyecta. Como creemos que somos muchos y que estamos separados, así lo percibimos y así lo vivimos, llamándole experiencia de vida.

Cuando me di cuenta de esta gran verdad, gracias a un camino llamado "espiritual" que he venido haciendo, y al encontrar LA VOZ DE TU ALMA, ya no busqué más en el exterior y me di cuenta que nuestra propia realidad es una proyección. No hay mejor manera de encontrar lo que buscas que saber dónde se allá, en LA VOZ DE TU ALMA.

PARA SABER MÁS, SÍGUEME EN MIS REDES SOCIALES

 Laura Stornini

 laura.stornini

 @LAURASTORNINI

 www.laurastornini.com